KB045065

메이지의 그늘

메이지의 그늘

영혼의 정치와 일본의 보수주의

이찬수 지음

도서출판 모시는사람들

메이지의 그늘

등록 1994.7.1 제1-1071
1쇄 발행 2023년 1월 31일

지은이   이찬수
펴낸이   박길수
편집장   소경희
편 집   조영준
관 리   위현정
디자인   이주향
펴낸곳   도서출판 모시는사람들
          03147 서울시 종로구 삼일대로 457(경운동 수운회관) 1207호
전 화   02-735-7173, 02-737-7173 / 팩스 02-730-7173

인 쇄   (주)성광인쇄(031-942-4814)
배 본   문화유통북스(031-937-6100)
홈페이지   http://www.mosinsaram.com/

값은 뒤표지에 있습니다.
ISBN 979-11-6629-151-7   03300

일본의 보수 정치와 문화의 문법

나의 일본학 연구사

대학원생 시절, 교토학파*의 개조라 할 수 있는 니시다 기타로(西田幾多郎, 1870-1945)의 『선(善)의 연구』를 읽으며 신선함 이상의 충격을 받았다. 이미 19세기 말, 20세기초에 현상학, 실존철학, 심리학, 그리스철학 등 서양의 유력한 철학적 전통을 섭렵했을 뿐만 아니라, 그것을 불교철학적 관점과 정교하게 통합해 내려 했던 메이지 시대 니시다의 지적 수준이 놀라웠다. 그

---

* 교토학파(京都学派)는 교토대학 철학과 교수였던 니시다와 그 제자들이 대승불교의 세계관에 입각해 서양 사상을 창조적으로 융합해 낸 새로운 학풍을 일컫는다. 서양의 이원론적 세계관에 대한 동양적 대안이자 철학, 종교, 사상 간 대화와 융합의 모델로 평가받으면서도, 천황제 하의 제국주의적 팽창을 논리적으로 옹호했다는 한계도 동시에 지닌다. 구체적인 내용은 이 책의 제6장 참조.

가 제4고등학교(오늘날의 고교 3학년~대학 2학년에 해당. 가나자와대학의 전신) 교사 시절(1899-1909)에 이 원고를 작성했고, 학생들에게 이런 내용을 강의하기도 했다는 사실은 더 놀라웠다. 당시 한국(대한제국)의 열악한 상황과 비교되며 회한 비슷한 감정에 잠기기도 했다. 내가 일본 사상을 더 공부해야겠다고 느낀 주요 계기였다.

대단히 난해했지만 그만큼 치밀하고 정교한 니시다와 교토학파의 논리에 도전을 받으며, 나는 서양적 허무주의의 극단을 파헤쳐 동양적, 불교적, 일본적 철학의 우수성을 부각시킨 제자 니시타니 케이지(西谷啓治, 1900-1990)의 철학과 칼 라너(Karl Rahner, 1904-1984)의 신학을 비교하며 박사학위논문을 제출했다 (1997). 학위논문의 일부를 재정리하고 다른 글을 보완해『불교와 그리스도교 깊이에서 만나다: 교토학파와 그리스도교』(2003)라는 단행본을 출판했고, 그 연장선에서「타나베 하지메(田辺元)와 길희성이 불교와 그리스도교를 포섭하는 논리의 비교 연구」(2008)를 썼으며, 일본 곳곳을 답사하며 대중적인 언어로 정리한 일본문화론서인『일본정신: 일본서기에서 신영성운동까지』(2009)를 출판했다. 니시다의 사상을 좀 더 체계적으로 정리한 논문「교토학파의 자각(自覺)이론: 니시다 기타로를 중심으로」(2011)도 발표했다. 야기 세이이치(八木誠一)의 불교적 신학을 위시하여, 타키자와 카츠미(瀧沢克己), 한스 발덴펠스(Hans Waldenfels)의 종교철학에 대한 글도 썼다. 일본의 사상과 철학을 이해해야 현재의 정치와 사회, 문화의 현실을 더 깊게 입체적으로 이해할 수 있다는 나의 입장은 여전하다.

그 뒤 평화학에 관심을 기울이게 된 나는 일본에서 철학과 종교가 정치를 통해 일본 제국주의를 정당화하던 사례를 좀 더 생생하게 인식할 수 있었다. 니시다를 위시해 그 제자인 니시타니 케이지, 미키 기요시(三木淸, 1897-1945) 등의 관념적인 논리가 제국주의적 팽창을 거듭하던 일본의 사상계에 영향력을 행사하고, 현실 정치인의 손과 발을 통해 천황제에 기반한 군국주의와 침략 전쟁까지 정당화해 가는 모습을 보았다. 일본의 정치적 현실의 표층과 심층이 서로 연결되며 입체적으로 와닿은 시간이었다.

이런 사상사의 의미를 실감하면서 「영혼의 정치학: 천황제와 신종교의 접점」(2013), "「侍」と「媒介」: 東学と京都学派の公共論理"(2013), 「祭祀の政治学II—明治時代の国家神道と公私観」(2014), 「비전(非戰), 반군국주의, 비핵화로서의 평화: 일본 평화 개념사의 핵심」(2018), 「천황제, 군국주의, 그리고 선(禪): 스즈키 다이세츠로 선을 되묻기」(2021) 등의 논문을 썼고, 언론에 「메이지의 그늘」이라는 제목으로 20회에 걸쳐 연재하기도 했다(2021).

이 책은 위 논문 일부와 연재문을 수정 및 재구성하고 대폭 보완하며 가다듬은 결과물이다.[*] 메이지 시대에 신도(神道)를 중심으로 종교 문화와 사상을 정치 안에 녹여 내 천황을 정점으로 하는 제국주의 혹은 군국주의적 기틀을 확보하고, 일부 사상가들이 다시 그에 기반한 식민 지배와 침략 전쟁까지 정당화하는 '악순환' 과정을 비평적으로 살펴보았다. 오늘의 일본에서 이런 역사의 농도는 많이 옅어졌지만 근본 구조는 바뀌지 않은 채 계속되고 있다. 그러면서 피식민 경험과 침략 전쟁의 상처가 여전한 한국이나 중국과 여전히 충돌하고 있는 중이다.

여전한 '메이지의 그늘'

가령 일본의 총리를 비롯한 유력 정치인이 야스쿠니신사에 참배했다는 소식은 거의 어김없이 한국과 중국의 뉴스에도 등장한다. 한국과 중국은 일본이 과거의 불법적 침략 행위에 대해 반성

---

[*] 이 책의 일차적 출전은 다음과 같다. 제Ⅰ장과 제Ⅶ장: "메이지의 그늘"①~⑳,《일간투데이》2020.08.24.-2021.01.18. 총 20회 연재문; 제Ⅱ장~Ⅲ장: "영혼의 정치학: 천황제와 신종교의 접점", 서울대학교 일본연구소,『일본비평』, 제9호, 2013 하반기; 제Ⅳ장~Ⅴ장: "祭祀の政治学Ⅱ—明治時代の国家神道と公私観", 中央学術研究所,『中央学術研究所紀要』第43号 平成26年11月(≒메이지시대의 국가신도와 공공성",『근대 한국과 일본의 공공성 구상』, 한국학중앙연구원출판부, 2015); 제Ⅵ장: "천황제, 군국주의, 그리고 선(禪)",『불교평론』(제23권 제2호, 2021년 여름).

하지 않고 사과할 줄 모른다며 어김없이 비판한다. 일본 정가의 주류는 그런 외부의 반응에 별로 개의치 않는다. 개의치 않을 뿐만 아니라 일본 국내의 정치에 활용하기도 한다. 일본의 유력 정치인이 야스쿠니신사에 참배하거나 이세신궁에 공물을 바치는 행위는 일본 정치와 문화의 근간에 속한 일이자, 오랜 일본적 정체성을 잘 드러내는 행위라는 점에서 자연스럽기도 하다.

그런 관례나 정서의 근간을 찾아가다 보면 메이지 시대(1868-1912)에 도달한다. 메이지 시대 이후 다이쇼(大正), 쇼와(昭和), 헤이세이(平成) 시대를 거쳐 레이와(令和) 시대에 이르렀지만, 특히 한국을 무시하거나 혐오하고 중국과 사사건건 대립하는 일본 보수 세력의 정치적 감각은 거의 메이지 시대의 연장선상에 있다. 메이지 천황 이후 세 명의 천황을 더 거쳤지만, 오늘날 일본 문화의 전반에는 여전히 '메이지의 그늘'이 걷히지 않았다 해도 과언이 아니다. 메이지 시대를 보면 현대 일본의 어두운 속살이 보인다는 뜻이다.

일본 안에 머문 '영혼의 정치'

이 책에서는 영혼과 조상신을 존중하면서 가족과 사회의 질서를 잡아 가는 메이지 시대의 '영혼의 정치', '제사하는 국가' 등을 열쇳말로 잡고서, 일본적 보수주의의 특징을 단기간에 이해할 수 있도록 오랜 정치적 정서와 문화의 핵심을 추렸다. 메이지 시대 이래 국가를 위해 죽은 이의 영혼, 이른바 '호국영령'을 국가적 차원에서 제사하면서 제사 대상의 정점에 있는 천황을 중심으로 국가를 통합시켜 온 지난 백여 년 이상의 일본 정치문화를 정리했다. 영혼을 제사하는 일종의 '종교적 정치'로 천황제 하의 문화적 통합을 이루고, 정치적으로는 강력한 부국강병책으로 군국주의의 길을 걸은 메이지 이래의 역사는 오늘까지도 이어지는 문화적 정서의 근간을 이루고 있다. 그리고 천황제 너머의 보편적 가치에 대해서는 국내적 공감과 합의를 도출해내기 힘든 정신 문화적 특징을 일본의 공·사(公·私) 개념을 통해 알아봄으로써, 옛 일본이 이웃국가에 끼친 심각한 악영향에 대해 왜 여전히 진정성있는 사과로 이어가지 못하는지 그 심층적 이유도 제시해보았다. 이 책에서는 이상과 같은 내용을 중심으로 일본의 정치, 특히 보수 정치와 문화의 문법적 특징에 대한 비평적 이해를 도모한다.

물론 어느 나라에든 비판이나 비평거리만 있는 것이 아니다. 이 책에서 메이지 시대의 그늘을 비평적으로 살피고 있지만, 이런 비평거리가 일본의 전부는 아니다. 어둡고 서늘한 그늘에서 따사로운 햇살로 옮겨 가려는 헌신적 노력도 중단된 적이 없다. 이런 노력이 일본 내 주류는 아니지만, 일본 전체에 대한 이해를 위해서라도 메이지 이래의 일본적 '그늘'을 비판하며 인류 보편적 평화의 정서를 회복하려는 노력도 함께 보아야 한다. 그래야 일본 전체를 좀 더 잘 볼 수 있게 된다. 이와 관련해 이 책 외에 전술한 졸고 「비전(非戰), 반군국주의, 비핵화로서의 평화: 일본 평화개념사의 핵심」, 『세계평화개념사』(인간사랑, 2020)도 함께 읽는다면, 그늘만이 아니라 양지를 통해서도, 일본의 역사와 과제에 대한 일본인의 자세 전반에 대해 좀 더 공평하게 이해할 수 있게 될 것이다.

2023년 새해를 맞으며
이 찬 수

차례

메이지의 그늘

I.
메이지 시대와
그 그늘

1871년부터 2년간 이와쿠라 도모미(岩倉具視)를 필두로 미국과 유럽 12개국을 순방하고 돌아온 일명 '이와쿠라 사절단'은 당시 프로이센(독일)이 소국에서 대국으로 변모해 가는 과정을 보고 들으면서 약육강식이 지배하는 국제적 환경에서 살아가려면 대국의 문명을 수용하고 군사력을 강화해 힘을 키워야 한다고 보았다. 이와쿠라 사절단은 유럽의 소국들에 대해서도 관심을 갖긴 했지만, 기본적으로 일본이 대국주의의 길을 걷도록 공식화시킨 결정적인 계기를 마련했다.

이미 1860년에 사절단의 일원으로 미국을 다녀왔던 후쿠자와 유키치(福沢諭吉, 1835-1901)는 '힘이 정의'라는 취지로 일본의 대국주의화 및 대외 침략 논리를 제공했다. 후쿠자와는 「탈아론(脫亞論)」(1885)에서 '마음으로부터 아시아 동방의 악우(惡友)를 사절'하고 서구식 문명개화를 추구해야 한다고 주장했다. 그 뒤 1894년 실제로 일본이 한반도에서 대륙 침략을 위해 청일전쟁을 벌였을 때, 그는 이 전쟁을 '문명'국인 일본과 '야만'국인 청국의 싸움, '진보를 기도하는 자'인 일본과 '진보를 방해하는 자'인 청국의 싸움으로 이해하는 사설을 《시사신보(時事新報)》에 쓴 바 있다.

도쿠토미 소호(德富蘇峰, 1863-1957)는 더 노골적이었다. 그는 청일전쟁을 '3백 년간 수축적이던 일본이 일대 비약을 하여 팽창적 일본이 되는 기회'로 보았다. 인구도 급격히 증가하고 있으니 부국강병책으로 향후 60년 내에 국토 면적을 두 배 늘려야 한다고 주장했다. 그는 이렇게 말했다: "나는 복음이 힘이 아니라 힘이 오히려 복음이라는 것을 알았다. 즉, 모든 정리(正理), 공도(公道)를 행하는 것도 힘이다. 모든 부정, 무도(無道)를 파기하는 것도 힘이다. 힘이 없어서는 복음도 그 빛을 잃어버린다는 것을 알아야 한다."(이찬수, 「비전(非戰), 반군국주의, 비핵화로서의 평화: 일본 평화개념사의 핵심」, 『세계평화개념사』, 인간사랑, 2020, 167-168쪽.)

한국과 일본, 왜 꼬였나

한일 관계가 복잡해진 역사적 원인은 짧게는 일제강점기 (1910-1945)에서 찾을 수 있고, 더 올라가면 임진왜란(1592-1598)에까지 이른다. 도요토미 히데요시(豊臣秀吉)가 대륙 정벌의 일환으로 조선을 침략해 6년간 두 차례에 걸쳐 전 국토를 유린하면서 조선은 큰 상처를 받았다. 일본은 결국 패퇴했지만 일본에 대한 조선의 감정은 격해졌다.

그 뒤 일본에서는 도쿠가와 바쿠후(德川幕府, 1603-1867)가 새로 정권을 잡으면서 100년 넘게 이어지던 센고쿠 시대(戰国時代)의 내전은 종식되고 조선과도 화친을 추구했다. 조선도 이에 응답하면서 1811년까지 12차례에 걸쳐 통신사를 파견해 문물과 사상을 교류하는 시대가 한동안 이어졌다.

하지만 조선의 지도적 지식인들은 '대명국(大明國, 1368-1644)'

의 멸망 후 당시 세계관의 근간처럼 여기던 주자학을 임진왜란 이후에도 더 강하게 붙들었다. 이민족이 지배하는 청국(淸國) 대신에 자신들이야말로 주자학의 진정한 계승자라는 '소중화(小中華)' 의식을 가지고서, 주자학이 약한 일본의 지식수준을 무시하기도 했다. 일본의 지배층도 그런 사실을 눈치채면서 조선을 달가워하지 않았다. 그즈음 일본은 강력한 서세동점(西勢東漸)의 흐름에 경각심을 가지고 서구 문명의 앞선 힘에 일찍 눈뜨면서 급속히 부국강병을 추구했다. 그런 일본에게 조선은 현실감 없고 무력한 존재였다.

19세기 중반까지 일본은 봉건적 지방분권 체제인 바쿠후(幕府) 체제였다. 그러던 중 부국강병을 추구하던 규슈(九州) 지방의 무사들이 메이지 천황을 내세우며 이른바 메이지유신(明治維新)을 시도했다. '유신'이라지만, 영어로 'Meiji Restoration(메이지 복고)'이라 표현하는 데서 알 수 있듯이, 적어도 외형적으로는 일본의 옛 정신을 회복하면서 서구 문명을 수용하려는 정치 운동이었다. 실제로 옛 정신으로의 순전한 복고였다고 할 수는 없지만-이에 대해서는 본문에서 살펴볼 예정이다-, 메이지 정부(1868-1912)는 그런 식으로 탄생했다. 그 영향이 오늘까지 이어지고 있으니 가히 오늘날 일본의 토대를 놓은 정부였다고 할 수 있다.

일본 보수 세력의 탄생

메이지 정부에서는 강대한 서구 열강의 도전으로 인한 내부의 불안을 해소하고 대륙으로 나아가고자 조선을 정벌해 일본의 한 지방, 즉 '번(藩)'으로 삼자는 정한론(征韓論)이 대두되기도 했다.

메이지 전반기까지 유행한 일본의 판화(니시키에, 錦絵)인 '조선전보실기(朝鮮電報實記, 1894)'에는 '장대한' 일본군이 '초라한' 조선 의병(갑오의병)을 제압하는 그림이 있다. 일종의 국민교화용 판화로서, 조선인을 인종차별적으로 묘사하며 청일전쟁(1894)과 조선 침략을 정당화하는 내용으로 되어 있다. 조선전보실기는 조선에 대한 메이지 시대 일본 지도층의 관점을 잘 보여준다. 일본이 청일전쟁에서 승리한 이후 조선은 이미 일본의 관리하에 놓였다는 생각도 엿보인다.

이런 정서로 조선을 본격 지배하면서 한반도에 상처를 주었고, 한일 관계를 풀 수 없을 정도로 꼬아 놓았다. 이런 불행한 역사가 오늘까지 계속되고 있다. 그 근본적인 이유는 정복주의에 기반한 옛 호황기를 다시 꿈꾸고 있는 이들이 일본 집권 여당인 자민당의 핵심 세력이라는 데서 잘 알 수 있다.

그중에서도 최장수 총리를 지낸 아베 신조(安倍晋三, 1954-2022)

'장대한' 일본군이 '초라한' 조선 의병(갑오의병)을 제압하며 경복궁으로 진입하는 「조선전보실기(朝鮮電報實記, 1894) 그림. 일본의 외무대신 무츠 무네미츠(陸奧宗光)와 주조선공사 오토리 케이스케(大鳥圭介)가 공모해 경복궁 점령을 위한 은밀한 계획을 세웠고, 1894년 7월 23일 오토리의 지휘에 따라 일본군이 경복궁으로 몰려들어왔다. 그리고 이틀 후에 조선에서 청국과 일본의 전쟁, 즉 청일전쟁이 벌어졌다. 조선이 청국으로부터 독립하도록 돕다가 청일전쟁이 벌어졌다는 일본의 공공연한 입장(현재의 일본인 다수가 이렇게 생각한다)과 달리, 청국과 일부러 전쟁을 벌인 뒤 승리해 조선을 점령하겠다는 숨은 목적이 있었음을 일본의 경복궁 점령 사건에서 잘 볼 수 있다. 무쓰 무네미쓰, 나카츠카 아키라 교주, 이용수 옮김, 『건건록: 일본의 청일전쟁 외교 비록』(논형, 2021), 27-46쪽; 나카츠카 아키라, 박맹수 옮김, 『『일본의 양심』이 보는 현대 일본의 역사인식』(모시는사람들, 2014), 191-226쪽 참조.

의 외조부 기시 노부스케(岸信介, 1896-1987)를 필두로 한 보수 세력의 영향력이 크다. 특히 고이즈미 준이치로(小泉純一郎, 2001-2006 재임) 총리 이후에는 '보수주류'보다 더 극우에 가까운 이들(이른바 '보수방류')이 힘을 떨치고 있다. 정도의 차이는 있지만 메이지 시대 이후 지금까지도 과거의 제국주의적 정서가 상당 부분 계속되고 있고, 이를 이끄는 일본 중심적 보수 세력이 주류가 아니었던 적이 없다.

특히 한국전쟁 이후 특수를 누리며 1960년대 이후 30년 이상 구가하던 고도성장의 거품이 사라지고 경제적 위기의식이 커지면서 우경화가 더 진행됐다. 우경화를 주도하는 세력은 '탈아입구(脫亞入歐, 아시아를 벗어나 유럽으로 들어간다)'를 외치던 메이지 시대의 정서를 여전히 이어 가고 있다.

이들은 세계와 상대하려 하지만 그 과정에 번번이 자신의 과거를 들추어내는 한국과 중국을 불편해한다. 한국에 대해서는 애써 무시하려 한다. 실제로 무관심한 사람들이 대다수다. 그러면서도 지정학적으로, 역사적으로 무시만 할 수는 없는 나라다 보니 계속 부딪치게 되는 것이다.

특히 보수주의자들이 대체로 한국을 반대하거나 싫어한다. 이들이 보호하려는[保] 것과 지키는[守] 행위에 한국은 걸림돌처럼 여겨지기 때문이다. 극우 단체인 '재특회'[在特會(자이토쿠카이), 재일 한국인의 특권을 허용하지 않는 시민 모임]의 혐한(嫌韓) 발언과 시위가 대표적이다. 보통의 한국인 입장에서는 불쾌하고 무례한 행동들이지만, 그리고 다수 일본인들이 불편해하기도 하지만, 일본의 보수주의자들에게는 자기가 차마 하지 못할 말을 대신 해 주는 시원함도 있다. 이렇듯 주위로부터 보이지 않는 내면적 지지를 받기에 이들이 공공연한 혐한 발언을 지속할 수 있는 것이다.

일본에서 보수주의자들은 일종의 '애국주의자', 일본 중심적 사유를 하는 '일본주의자'들이다. 한국의 보수나 우익은 북한·미국·일본·중국 등과의 관계나 거리에 따라, 그리고 '친일'이나 '친미'적 태도로 인해 정작 한국 내부적 정체성이 약화되기도 하지만, 일본의 보수 세력은 일본 중심적이지 않았던 적이 별로 없다.

특히 메이지 시대 이래 승승장구하던 정복주의적 경험은 강한 일본을 꿈꾸는 이들에게 일종의 향수로 작용한다. 일본의 보수는 기본적으로 이러한 정서의 연장선상에 있는 일본 중심의 애국주의자들이다.

일본을 이해하려면 일단 이러한 일본 중심의 애국주의를 이해할 수 있어야 한다. 그래야 일본을 대하는 적절한 태도를 취할 수 있고, 한일 간에는 물론 한반도와 동아시아 평화의 가능성도 상상할 수 있다. 일본적 애국주의는 어디서 어떻게 확립된 것일까? 이를 알려면, 다소 의외일지 모르지만, 일본식 정치와 종교의 관계를 살펴보아야 한다. 일본 전역을 대상으로 전개된 '정치적 종교' 또는 '종교적 정치'의 양상을 돌아보고 일본 문화의 심층을 이해해야 한다.

호국영령과 애국주의

이에 대해서는 다음 장에서 좀 더 자세히 살펴보겠지만, 일본 보수 세력의 기원은 조상 제사를 강조했던 메이지 정부의 정책과 연결된다. 메이지 정부에서는 국가의 통합을 위해 조상 제사를 강조했다. 국가의 사상적 통일을 위해 민중적 정령신앙 전통인 신도(神道)를 근간으로 하는 조상 제사 형식을 보급해 국가 통합을 도모한 것이다. 후손이 조상의 혼령을 모시듯이, 일본인이라면 일본의 기원이 되는 신(아마테라스 오미카미)과 그 후손인 천황을 모시고 숭배해야 한다는 정책을 펼쳤다.

메이지 천황 중심의 새로운 정부를 만들어 가는 과정에 각종 진란도 벌어졌다. 이때 죽은 이의 영혼을 국가 차원에서 제사하는, 일종의 '제사의 정치'로 사회를 통합하면서 정부의 정책도 정당화해 나갔다. 이런 배경에서 호국영령(護国英霊)이라는 언어와 개념도 발명됐다.

호국영령은 '나라를 수호하다 죽은 꽃다운 영혼'이라는 뜻이다. '영령'은 본래 메이지 초기 군대에서 특수하게 사용되던 용어였다가, 일본이 국운을 걸고 벌인 러일전쟁(日露戰爭, 1904-1905) 당시 언론들이 자국 전사자에 대한 존칭으로 빈번하게 사용하면서 일반명사가 되었다. 특히 러일전쟁은 동양 일본이 서양을 상대로 승리한 전쟁이라는 점에서, 일본 군국주의자들에게는 자긍심의 원천이었다. 영령이라는 말도 러일전쟁 시기를 거치면서 '호국'의 이미지가 부여된 '전몰자의 영혼'을 지칭하는 언어가 되었다.

이것은 일본이 수호하고자 했던[護] 국가[國]의 성격과 직결된다. 메이지 정부가 만들려는 국가는 천황제 중심의 수직적 국가였다. 메이지 정부는 종교적 정치로 국민을 통합시키면서 강력한 부국강병책으로 군국주의의 길을 걸었다. 청일전쟁(日清戰爭, 1894-1895)을 시작으로 러일전쟁(日露戰爭, 1904-1905)으로 이어갔고, 만주사변(1931)을 기화로 중일전쟁(日中戰爭, 1937-1945)을 벌였으며, 그 와중에 하와이 진주만을 공습하면서 태평양전쟁(大東亞戰爭, 1941-1945)으로까지 전선을 확대했다. 유럽 열강이 걸었던 제국주의의 길을 따라 한국을 비롯해 아시아 국가들을 점령하고 지배하기 위해, 그리고 그 과정에 벌어진 일들이었다.

태평양전쟁 때는 '여덟 방향[八紘], 즉 온 세계가 한집[一宇]'이라는 '팔굉일우(핫코이치우)'의 개념을 내세우며 그 '한집'이 바로 일본이라는 정서를 확장시켰다. 그 과정에 희생된 군인들을 칭송하며 군사주의를 고양시켰고, 전쟁을 정당화하며 국가적 통일성을 견지해 나갔다.

1944년 일본은행에서 발행한 10전 지폐. 왼쪽에는 '팔굉일우(八紘一宇)'라는 글씨가 새겨진 탑이 있고, 가운데 위에는 열여섯 꽃잎으로 된 국화꽃이 새겨져 있다. 열여섯 국화꽃잎은 일본 황실을 상징하는 문양이지만 팔굉일우의 8을 중복한 숫자이기도 하다. 일본인이 좋아하는 88은 위로 오르는 뱀 두 마리가 서로 얽혀 있는 모양이자 거기서 나오는 힘이기도 하다. 욱일기에서 빛이 열여섯 방향으로 뻗어 나가는 모양을 하고 있는 것도 같은 의미이다.
(Public Domain, https://commons.wikimedia.org/wiki/File:Hakkolchiu10sen.jpg)

신도의 국가화와 영혼의 정치

메이지 시대 정책의 기본은 '화혼양재[와콘요사이]', 즉 일본적 정신[和魂]을 지키면서 서양 문명[洋材]을 받아들이는 데 있다. 이 때의 화혼(和魂)으로 내세운 것은 민간의 오랜 정령숭배 전통인 신도(神道)였다. 종교의 자유를 인정하라는 서양의 요구에 대해, 신도는 일본의 오랜 문화이자 습속이기에 이를 국가적 정책의 근간으로 삼는다 해도 불교나 기독교 같은 제도화된 종교의 자유를 침해하는 것은 아니라는 입장을 견지했다. 형식적으로는 정교분리 정책을 추구하면서 실상은 신도 중심의 전근대적 정교일치 국가를 구축하고자 했다. 메이지 천황의 정당성을 확보하면서 종교[信敎]의 자유를 보장하라는 서양의 요구를 수용하기 위한 정책이었다.

이런 분위기에서 일본인은 자연스럽게 혼령·조상신 등에 대해 이야기할 기회가 많아졌다. 사후 혼령이 있느냐 없느냐는 결정적인 문제가 아니었다. 혼령의 유무를 포함하는 귀신 담론 자체가 혼령이나 조상신을 그 사회 속에 살아 움직이게 만드는 동력이었다. 혼령 혹은 영혼은 제사를 지내는 인간의 의도에 맞게 해석되고 재구성되었고, 그렇게 해석하는 언어적 행위 안에 존재했다. 메이지 정부에 의한 '프레임 정치'라고 할 수 있다.

이렇게 제사를 제도화하려는 이들의 의도에 따라 제사의 대상은 그 제도와 문화 속에 살아 있는 실재가 된다. 담론상의 귀신이 제도화된 문화적 형식을 통해 산 자들의 현실에 실질적인 영향을 준다. 제사의 대상이 된 '귀신'은 제사를 드리는 이들에게 담론의 주제가 되고 문화의 근간으로 작용하며 국가 운영의 이념적 기초를 제공하는 순환적 구조를 이루는 식이다. 이것은 담론 양식을 적절히 조율하면 살아 있는 이들의 삶의 양식을 재편할 수 있다는 뜻이기도 하다.*

물론 이런 정치적 역학은 일본만의 현상이 아니다. 가령 국가적 희생자[忠]를 현양하는[顯] 날[日]이라는 한국의 현충일(顯忠日)도 비슷한 구조를 지닌다. 현충일도 국가를 위해 죽은 이들을 드높인다는 명분하에 사회를 안정시키고 국민의 정신적 통합을 도모하며 때로는 정치권력을 정당화하기 위한 장치로 이용되어 온 측면이 있다. 현양의 대상인 영혼이 실제로 있느냐 없느냐는 그다지 중요하지 않다. 국가적 차원에서는 영혼을 현양하는 행위를 하느냐 하지 않느냐가 더 중요하다.

가령 누군가 대통령이 되었는데 국립묘지에 참배하지 않거나

---

* 이런 관점에 대해서는 子安宣邦, 『鬼神論』(東京: 白澤社, 2002)에서 잘 규명하고 있다. 다음 장에서 이 책의 아이디어를 좀 더 발전시켜보고자 한다.

영혼을 현양하는 행위를 전혀 하지 않는다면, 설령 영혼이라는 것은 없다고 믿는 이들조차도 대통령의 그런 행위를 비판할 것이다. 죽은 이의 영혼을 높이는 행위가―그것이 세속 정치의 연장이라고 해도―이미 국가를 움직이는 동력의 일부가 되어 왔기 때문이다.

'호국영령'이 철학적 혹은 좁은 의미의 종교적 언어라기보다는 다분히 정치적인 언어인 이유도 여기에 있다. 어느 나라든 현충 행위는 죽은 이의 혼령을 위로하고 받들면서 산 자들을 통합시키는 '제사의 정치학'의 연장인 것이다.

관건은 어떤 의도로 무엇을 위해 어느 정도로 그런 정치를 하느냐에 있다. 일본에서는 메이지 정부 이래 호국영령을 국가적 담론의 주제로 삼고 국가와 국민의 제사 대상으로 재구성하면서 천황을 정점으로 수직적 통일국가 체계를 확립시켜 왔다는 사실이 중요하다. 강력한 천황제에 입각해 국가적 정체성을 확립하면서 한반도를 포함한 대륙 침략마저 정당화하는 길을 걸어온 일본 정치의 역사에는 이른바 '영혼의 정치'가 놓여 있는 것이다.

일본은 여전히 '영혼이 정치하는 나라'이다. 여기에는 조상 제사를 국가적 정치에 연결 지은 사상가들의 이론이 탄탄히 뒷받침되어 있다. 이런 영혼과 제사의 정치적 역학이 일본의 역사를 보는 근간이다. 다소 어두운 언어를 사용한다면 메이지 시대의 '그늘'을 읽어야 오늘의 일본이 보인다는 뜻이다. 이런 문제의식을 가지고 '메이지의 그늘' 속으로 들어가 보자.

II.
영혼의 정치학
: 메이지 시대와 종교적 정치

"짐이 생각컨대 우리 황조황종(皇祖皇宗)이 나라를 연 것이 굉원(宏遠)하고 덕을 세움이 심후(深厚)하다. 우리 신민이 지극한 충과 효로써 억조창생(億兆蒼生)의 마음을 하나로 하여 대대손손 그 아름다움을 다하게 하는 것, 이것이 우리 국체(國體)의 정화(精華)이고 교육의 연원이 실로 여기에 있다. 그대들 신민은 부모에 효도하고 형제간 우애하며, 부부 서로 화목하고 붕우 서로 신뢰하며 공검(恭儉)하고, 박애를 여러 사람에게 끼치며, 학문을 닦고 기능을 익힘으로써 지능을 계발하고 덕기를 성취해 나아가 공익을 널리 펼치고 세상의 의무를 넓히며, 언제나 국헌을 존중하고 국법을 따라야 하며, 일단 위급한 일이 생길 경우에는 의용(義勇)을 다하며 공을 위해 봉사함으로써 천양무궁의 황운을 부익(扶翼)해야 한다. 이렇게 한다면 그대들은 짐의 충량한 신민이 될 수 있을 뿐만 아니라 그대들 선조의 유풍(遺風)을 현창(顯彰)하기에 족할 것이다.

이러한 도는 실로 우리 황조황종의 유훈(遺訓)으로 자손과 신민이 함께 준수해야 할 것들이다. 이것을 고금을 통하여 어긋나게 해서는 안 될 것이다. 이를 중외(中外)에 베풂에 있어 도리에 어긋남이 있어서는 안 될 것이다. 짐은 그대들 신민과 더불어 권권복양(拳拳服

贍)하며 널리 미치게 하고, 그 덕을 함께 공유할 것을 절망한다."(메이지 천황의 「교육칙어」. 이권희, 「메이지 후기 국민교육에 관한 고찰」, 『아태연구』 제19권 제1호(2012), 122쪽의 번역.)

귀신 담론의 정치성

『논어』에는 계로가 공자에게 죽음과 귀신을 어떻게 이해해야 할지 묻는 장면이 나온다: "계로가 귀신 섬김[事鬼神]에 대해 묻자 공자가 말했다. 사람도 잘 섬기지 못하면서 어찌 귀(鬼)를 섬기겠는가. 계로가 죽음에 대해 묻자 공자가 말했다. 삶에 대해서도 잘 모르는데 어찌 죽음을 알겠는가."(선진편)

이 대화는 귀신 자체를 부정하지는 않으면서도 사후보다는 삶 쪽에 관심을 두었던 공자의 생각을 잘 보여준다. 하지만 공자의 이 말은 별 의심 없이 귀신을 긍정하던 이들을 혼란스럽게 만들었고, 삶과 죽음의 관계를 중심으로 다양한 귀신 관련 담론을 파생시켰다. 사람들은 담론의 내용과 양식대로 귀신을 이해하고 제사를 지내며 생활 속에 수용했다. 이런 식으로 귀신 관념은 사회체제와 문화 속에 녹아들어 갔다. 그러면서 사람들은 다시 귀신에 대해 이야기했다.*

일본의 사상가이자 문화이론가인 고야스 노부쿠니(子安宣邦)는 이것이 귀신의 존재 방식이라고 말한다. 귀신은 '사람들이 하는 말 속'에, 그리고 '사람들이 지은 건물' 속에 존재한다는 것이다.** 사람들이 귀신에 대해 상상하고 또 이야기하게 만드는 문화 혹은 담론 체계가 귀신의 처소이며, 귀신 담론의 객관적 상징 공간인 위패 · 신사(神社) 같은 곳에 자리 잡는다는 것이다. 사람들은 귀신 담론 속에서 사후 영혼을 상상하고 제사하면서 삶의 의미도 확보하고 질서도 잡아 나간다. 말 속의 귀신이 삶 속에 들어와 영향을 주는 것이다. 이것은 대화와 담론 양식을

---

* 인류의 오랜 종교는 조상 숭배와 관련되어 있다. 동아시아에서도 죽은 이의 영혼이 어떻게 산 자의 삶에 관여할 수 있는지와 관련한 담론이 이어져 왔다. 공자(孔子)는 현재의 삶에 더 관심을 기울이면서도 죽음이나 귀신에 대해 부정하지는 않았다. 주자(朱子)는 이기론(理氣論)으로 조상이 후손과 만나는 원리를 담아내려 했다. 귀신이나 사람이나 기(氣)로 이루어져 있으되 형태가 다를 뿐이라는 입장을 펼쳤다. 이러한 해설들은 한국과 일본 사상가들의 귀신 담론 및 민중의 조상 숭배 체계에 적지 않은 영향을 미쳤고, 새로운 사후 담론의 기반이 되었다. 그리고 이 흐름 속에서 많은 이들이 사후에 대해 생각했고, 영혼과의 교류에 대해 상상했으며, 조상에 제사를 지내면서, 귀신 관념을 생활화했다. 이런 식으로 조상신 혹은 귀신 관념이 사회 체제와 문화 속으로 녹아들어 갔다. 중요한 것은 귀신이 있느냐 없느냐가 아니었다. 핵심은 귀신이나 조상신 논쟁을 통해, 제사의 의미에 대한 토론을 통해, 죽은 이의 세계가 산 자의 사회에 영향을 미쳐왔고, 사회와 국가를 움직이는 근간으로까지 작용해 왔다는 사실이다. 이것이 정치와 만나면 사회 통합의 강력한 근거로도 작용하게 되는데, 메이지 정부의 시스템이 이것을 잘 보여준다.
** 子安宣邦, 『鬼神論』(東京: 白澤社, 2002), 8頁.

적절히 조율하면 살아 있는 이들의 삶의 양식도 재편할 수 있다는 뜻이기도 하다.

고야스에 의하면, 일본에서 오랫동안 자연 신앙 수준에 머물렀던 신도(神道)가 국가의 통치 이념이 된 것도 귀신 담론이 일으킨 제사 양식의 변화와 관련이 있다. 이른바 국가신도는 일본의 조상신을 국가 중심적 담론 속에 살게 하는 정치적 과정이었다는 것이다. 그에 의하면 메이지 정부는 귀신의 영역을 정치의 내용으로 삼으며 정권의 정체성을 확보해 나간 시스템이다. 그는 특히 나라를 지키다 죽은 영혼 즉, '호국영령'을 국가적 담론 속에 살게 하고, 국가와 국민의 제사 대상으로 재구성하면서, 천황을 정점으로 수직적 통일국가 체계를 확립하려고 했던 것이 메이지유신의 핵심이라고 본다.*

메이지유신과 호국영령

잠깐 전술했듯이, 개혁적 하급 무사들이 농민들의 후원으로 메이지 천황을 옹립해 만든 메이지 정부(1868-1912)의 기본 고민

* 子安宣邦, 『鬼神論』, 17-23頁.

은 어떻게 새로운 천황의 정당성과 국가적 통일성을 확보하면서, 종교[信敎]의 자유까지 보장할 수 있느냐에 있었다. 이를 위해 정부는 전략적으로 일본 최초의 역사서 『고사기(古事記)』와 『일본서기(日本書紀)』의 건국신화를 따라 천황(天皇)이 천상의 주재신(아마테라스 오미카미)의 자손이라는 신화를 강조했다. 신도를 일본적 정신의 원형으로 간주하여 아마테라스를 기억하고 제사해 오기도 하던 이른바 신도적 세계관을 국가적 통합 정책에 이용함으로써, 천황이 일본의 기원부터 함께해 온 신적 통치자라는 사실을 부각시켰다. 여기에다 신도는 불교나 기독교 같은 특정 종교 단체나 시설이 아닌 일본의 오랜 문화이자 관습이기에, 신도식 제사를 국가적 차원에서 강화한다고 해도 종교의 자유에 위배되는 것은 아니라는 논리로 이러한 시도를 뒷받침했다.

하지만 불교가 전래된 이래 신도는 늘 불교와의 상관성 속에서 존속해 왔고, 불교도 신도의 세계관을 흡수하면서 민중 안에 뿌리내렸을 만큼 신도와 불교는 불가분의 관계였다.* 그러면서

---

* 신도는 "일본 민족에 고유한 신 및 신령에 관련된 신념을 기반으로 발생, 전개되어 온 종교를 총칭하는 말이자, 이와 같은 신 혹은 신령에 관련된 신념 및 전통적인 종교적 실천은 물론 널리 생활 속에 전승되어 온 태도나 사고방식까지 함의한다"(일본문화청, 『宗敎年鑑』, 1997). '발생', '전개', '전승' 등의 말 속에 이미 포함되어 있기

메이지시대 이전까지 국가적 통치 이념은 주로 불교가 제공해 왔다. 이러한 상황에서 신도의 세계관을 추출해 내는 것은 사실 상 불가능한 일이었지만, 메이지 정부는 구체제의 상징처럼 여겨지던 불교를 강제로 배제하면서 새 정부가 개혁적 진보성을 띠고 있다는 사실을 보여주고자 했다. 신도라는 원형에 습합되어 있던 불교를 떼어내고 국가 통치 영역으로부터 분리시켜[神仏分離] 신도의 세계관을 정치의 원리로 사용하고자 했다. 그러면서 사적(私的) 영역에서는 불교를 하나의 종교로 승인하면서 종교의 자유를 보장한다는 증거로 삼았다. 그 과정에서 신도의 세계관과 요소들을 가지고 조직화한 집단, 가령 신도계 신종교들은 불교나 기독교처럼 별도의 교파로 공인되었다. 이런 배경 속에서 텐리교(天理教) 같은 신도계 신종교, 이른바 교파신도가 출현했다.

신도는 인간의 위로를 받지 못한 원령(怨靈)이 인간에게 깃들

는 하지만, 일본 고유의 신 및 신령에 관련된 신 관념이라 하더라도 그것이 수백 년, 수천 년을 전개되고 전승되어 왔다면 그곳에는 이미 일본 고유의 것이라기보다는 다양한 외래의 사상, 문화, 종교 등과 교섭하며 수용하는 가운데 이루어지는 것일 수밖에 없다. 그런 점에서 신도 역시 외래 사상과의 습합으로부터 자유로울 수 없다. 실제로 불교나 유교 없는 신도는 역사적으로 상상하기 힘들다. 신도가 불교와 강력하게 습합되어 온 것은 주지의 사실이며, 유교와도 습합되었다. 신도가 기성 종교나 가르침에 의지하면서 형성되어 왔다는 뜻이다. 이노우에 노부타카 외, 박규태 옮김, 『신도, 일본 태생의 종교 시스템』(제이앤씨, 2010), 28쪽 참조.

면 병이나 불행이 생긴다는 민중적 사고방식을 잘 반영해 온 일본의 가장 오랜 종교 전통이다. 신관의 축사나 제사를 통해 원령의 기운을 떨쳐 내고 본래의 깨끗함을 회복할 뿐만 아니라, 원령을 잘 모셔서 신적 차원으로 승화시키는 것이 지금까지 지속되는 신도의 일반적인 공양법이다. 메이지 정부는 이런 공양법을 정책화해 국가적 정체성, 즉 '국체(고쿠타이, 国体)'를 확립하고 국민적 일치를 도모하고자 했다. 또한 신도를 오랜 관습의 이름으로 정치 이념에 포섭하면서, 천황을 신도적 세계관의 정점에 두어, 사실상 신적 영역으로 격상시키려 했다. 형식적으로는 서양식 정교분리형 근대국가를 추구하면서 내용상으로는 신도를 근간으로 하는 강력한 전근대적 정교일치 국가를 구축하고자 했던 것이다.

그때 요청된 개념이 '나라를 지키다 죽은 꽃다운 영혼', 즉 '호국영령(護国英霊)'이다. 이것은 메이지유신 전후 혼란기에 희생당한 이들에게 국가적 이념을 불어넣어 제사의 대상으로 삼음으로써 국민의 호국적 자세를 고취시키기 위한 전략적 언어였다. 일개 사병이라도 나라를 위해 죽었다고 간주되면 그 영혼을 신적 차원으로 현양시켜 유족의 불만을 달래고, 군대에 대한 자

궁심을 부추겨 병력을 지속적으로 확보한 뒤* 천황 중심의 국가
적 일치를 이루기 위한 전략적 표현이었던 것이다.

그 최종 목적은 제사의 범주를 천황으로까지 확장시켜 결국
은 전 국민으로 하여금 메이지 천황을 숭배하도록 하는 데 있었
다. 호국영령에 대한 제사는 혼란기에 희생당한 전몰자의 영혼
이 원령(怨靈)이 아니라 국가의 수호신이 될 수 있도록 하기 위
한 메이지 정부의 '종교적 정치' 행위였던 셈이다.**

이 장에서는 메이지 정부가 각종 조상 제사론에 기반해 시도

---

* 高橋哲哉, 『靖国神社』(ちくま新書532)(東京: 筑摩書房, 2005), 46頁.
** '호국영령' 가운데 '영령(英靈)'은 메이지 시대 초기 일부 '군대 용어'로 쓰이기는 했
지만 일반화된 언어는 아니었다. 메이지 22년(1889)에 제작된 사전 『言海』에는
'영령'이라는 말이 수록되어 있지 않았다. 그러다가 쇼와(昭和) 7년(1933)에 출판
된 사전 『大言海』에 영령(英靈)이 '영혼(英魂)과 동일', '영걸(英傑)의 망혼(亡魂)'
, '사자(死者)의 영혼' 등의 의미로 수록되었음을 볼 수 있다. 그때까지만 해도 "전
몰자의 영혼"이라는 의미가 일반적으로 쓰인 것은 아니지만, 그렇다고 해서 전몰
자의 영혼에 해당하는 말이 없었던 것은 아니다. 당시 전몰자의 영혼을 가리키는
언어로 충혼(忠魂) 혹은 충령(忠靈) 등의 언어가 쓰이곤 했다. 그러다가 러일전쟁
(1904~1905) 시기 일본 신문들에서 '영령'을 "전사자(戰死者)에 대한 존칭"의 의미
로 빈번하게 사용하기 시작했다. 메이지 시대 말기까지는 군대 용어, 보도용어였
던 '영령'이 전쟁 희생자에 대한 제사를 통해 희생자의 영혼에 '호국'의 의미를 부여
하려던 지속적 정책의 결과 "전몰자의 영혼"을 가리키는 일반 인어로 쓰이기 시작
했다. 일본에서 '영령'의 역사적 쓰임새에 대해서는 다나카마루 가쓰히코(田中丸勝
彦, 1945~2000)의 유작 『さまよえる英靈たち』(東京: 栢書房, 2002)에서 집중적으로
다루고 있다. 이 각주는 다나카마루의 앞의 책 13~21쪽을 참조하며 정리한 글이다.
요약하면 '영령'은 근대 일본이 전쟁을 통해 국가의 모양을 갖추어가던 과정에 나라
를 위해 죽은 전몰장병을 지칭하기 위해 발명된 언어라고 할 수 있다.(田中丸勝彦,
『さまよえる英靈たち』, 2頁)

한 일종의 종교적 정치 행위를 '영혼의 정치학'으로 명명하고서 천황제의 일본 사회적 의미와 문화화의 정도를 살펴보고, '영혼의 정치학'의 근간이 되는 위령 행위 혹은 조상 제사 전통이 일본 내 새로운 종교의 성립에 어떤 영향을 끼쳐 왔는지 분석해 보고자 한다.

국학과 제사 문화

일본에서 조상의 제사에 대한 강조는 새삼스러운 일은 아니다. 가령 일본의 고전에서 일본의 정신을 찾으려는 국학자 오쿠니 다카마사(大国隆正, 1792-1871)는 부모에 대한 효행은 조상에 대한 제사 실행을 포함한다고 보았다. 이때 조상에 대한 제사는 일본의 기원에 해당하는 신에 대한 제사와 정서적으로 연결되며, 자연스럽게 신의 후손인 천황 중심의 국가적 통합에 기여한다.

이것은 이전에 오규 소라이(荻生徂徠, 1666-1728)가 조상 제사야말로 국가적 통합의 근간이라는 점을 강조한 사실의 연장선상에 있다. 일본 고학(古学)의 확립자로 불리는 오규는 중국의 고전적 자료들을 인용하며 일본 고대 사상의 기초를 정립했다. 오규의 사상은 바쿠후(幕府) 말기부터 메이지 초기에 걸쳐 미토학

(水戸学)에 반영되면서 제사를 통한 국가적 통합의 흐름을 확장시키는 데 기여했다.

바쿠후(幕府) 말기 존왕양이(尊王攘夷) 흐름을 주도한 미토학의 선구자 아이자와 야스시(会澤安, 1782-1863)는 『신론(新論)』에서 고학을 제사와 연결시키며 이렇게 말했다. "옛날에 천조께서 신도(神道)로 가르침을 세우고 충효를 명확히 하여 사람의 도리를 세웠다." "천황은 곧 이를 밖에서 제사 지냄으로써 공공연히 천하와 함께 섬기고[敬事] 정성을 다해 공경[誠敬]하는 뜻을 천하에 밝히시어 천하는 말 안 해도 깨닫는다."* "살아 있는 이에게 죽은 뒤 혼이 돌아갈 곳을 가르쳐 주고 민심에 궁극적인 안심을 가져다주는 귀신 제사[신도]가 성인이 베푼 천하안민(天下安民)의 최고 가르침이라 보고, 제사를 통한 인민의 통합을 국가의 장기적 경영전략의 기본[大經]으로 제시해 온 것이다."** '민중 사이에 충효의 마음과 선조를 기리는 마음이 생겨나 천황의 은혜를 느끼고 천황을 공경하는 마음이 생겨***나도록 하는 것이 위기를 극복하고 인민을 통합하게 해 주는 길이라는 논리였다.

---

* 고야스 노부쿠니, 송석원 옮김, 『일본 내셔널리즘의 해부』(그린비, 2011), 59~60쪽에서 인용.
** 子安宣邦, 『国家と祭祀: 国家神道の現在』(東京: 青土社, 2009), 101頁.
*** 아마 도시마로, 정형 옮김, 『천황제국가 비판』(제이엔씨, 2007), 106~107쪽.

제사를 통한 통합의 시도는 메이지 시대 국가 형성의 기초가 되었다.* 이때 미토학을 단순히 이론적 가르침으로만이 아니라 일본의 현실적 부국강병책으로 이어 가자고 강조한 이가 요시다 쇼인(吉田松陰, 1830-1859)이다. 그는 쇼군(將軍)이 바쿠후(幕府) 전반을 장악하고 다이묘(大名)가 지역(藩)별로 자치권을 행사하는 바쿠한(幕藩) 체제를 벗어나 민중을 규합해 서양식의 무력을 갖춘 강력한 통일국가를 이루어야 한다고 주문했다. 에조치(홋카이도), 류큐(오키나와), 조선, 만주, 대만 등을 정벌해 일본을 확장해야 한다고 목소리를 높였다. 이런 배경에서 내적으로는 앙숙이었으면서도 큰 뜻은 같이했던 사쓰마(薩摩)번과 조슈(長州)번의 무사들이 메이지를 새로운 천황으로 옹립해 혁명을 시도했다. 그것이 누차 보았던 메이지유신이다.

---

* 미토학이 내세웠던 존왕양이의 흐름은 머지 않아 한계에 봉착하기도 했다. 일본은 서양과의 싸움에서 연속으로 패배했다. 1854년 미국 제국주의 이념의 선봉장 페리 제독이 이끌고 온 군함의 기세에 눌려 강제로 개항할 수밖에 없었다. 일본의 무사들은 그 뒤에도 서양 세력과 대결했지만 1863년에는 영국에, 1864년에는 미국-영국-프랑스-네덜란드 연합군과의 교전에서 여지없이 패했다. 그 뒤 무사들은 방향을 선회했다. 서구의 문명을 배척할 것이 아니라 적극적으로 수용해 실질적인 '부국강병'을 도모하자는 것이었다. 이러한 입장을 내세운 선구적 인물이 요시다 쇼인(吉田松陰, 1830-1859)이다. 그는 제사를 강조하던 유학적 전통을 신도(神道) 안에 흡수하면서 호국영령에 대한 제사를 통해 천황을 정점으로 국가적 통합을 시도하였다. 결과적으로 미토학의 정신은 메이지 정부 안에 다른 모습으로 녹아 들어갔다.

일본 에도 시대 말기의 군사학자, 사상가, 교육자인 요시다 쇼인(吉田松陰, 1830-1859).
그의 문하에서 배출된 다카스기 신사쿠(高杉晉作, 1839-1867), 이토 히로부미(伊藤博文,
1841-1909) 등이 메이지 정부의 제국주의 정책을 이끌었다. 아베 신조(安倍晉三) 전 총리
가 가장 존경하는 인물이 요시다 쇼인이었고 아베와 그의 아버지 아베 신타로(安倍晉太
郎, 1924-1991)가 다카스기 신사쿠를 존경해 이름에 같은 '신(晉)' 자를 넣었다고 한다. 천
황 중심의 부국강병론자 요시다의 영향력이 이제까지도 지속되고 있다는 뜻이다. 사진은
야마구치현문서관(山口県文書館) 소장 '견본착색 요시다 쇼인상(絹本着色吉田松陰像)'에
나온 요시다 쇼인 초상의 일부. 19세기 후반 그림, 작자 미상. WIKIMEDIA COMMONS에
서 재인용.
(Public Domain, https://commons.wikimedia.org/wiki/File:Yoshida_Shoin2.jpg)

그 정치적 핵심 전략은 '존왕'을 앞세운 제사 문화의 확대였
다. 제사를 강조하던 국학과 유학적 전통을 신도(神道) 안에 흡
수하면서 호국영령에 대한 제사를 통해 천황을 정점으로 국가
적 통합을 시도하는 것이었다. 실제로 메이지 천황은 국가적 통
합을 위해 여러 신사에 참배해 제사했고, 새로운 신사를 창건했
다.* 아마테라스 오미카미를 제사지내던 이세진구(伊勢神宮, 이하
이세신궁)를 개혁하면서 전국의 신사를 이세신궁을 총본산으로
하는 피라미드 체계로 구축해 나갔고,** 제정일치를 근간으로 하
는 사실상의 '국가신도' 체계를 확보해 나갔다.

이즈음 여러 지역에 쇼콘샤(招魂社)가 창건되었고 그중 도쿄
쇼콘샤(東京招魂社)는 1879년에 나라[国]를 평안히 하는[靖] 신사
(神社)라는 의미에서 야스쿠니진자(靖国神社, 이하 야스쿠니신사)

---

* 1868~1869년에 걸쳐 메이지 천황이 아쓰타신궁(熱田神宮), 히카와신사(氷川神
社), 이세신궁(伊勢神宮) 등에 직접 참배했고, 이들 신사의 규모를 대폭 확장시켰
으며, 구스노키샤(楠木社, 1867)와 시라미네궁(白峰宮, 1868) 등을 새로 창건했다.
에도 말부터 메이지 유신기의 순국자에 대한 초혼제를 지내기 위해 쇼콘샤(招魂社,
1869)도 창건했다.
** 이세신궁(伊勢神宮)은 본래 농업신인 도요우케신(豊受神)에 대한 민중적 신앙을
기반으로 하던 지방의 신사였지만, 함께 섬기던 아마테라스 오히루메(天照大日靈)
를 천황의 조상신인 아마테라스 오미카미(天照大神)로 선포한 뒤 조직 개편을 통해
아마테라스오미카미를 모시는 황대신궁(皇大神宮, 고우타이진구)을 상위의 신궁
으로 강화했다. 그리고 새로운 신사들을 창건했고, 지방의 신사들을 합병하면서 체
계화했다. 물론 이것은 민중의 종교심을 국가신도 쪽으로 유도하기 위한 것이었다(
아마 도시마로, 『천황제국가 비판』, 245쪽).

로 개칭되었다. 호국영령에 대한 제사를 통해 국가적 통합을 시도하고, 천황에 대한 숭배로 이어질 수 있도록 하는 장치들이었다.

메이지 정부 출범 이후 22년쯤 지난 뒤에는 '교육에 관한 칙어', 이른바 「교육칙어(敎育勅語)」(1890)를 천황의 이름으로 반포해 전국의 학교에서 교육해 나갔다.* 효와 충을 적절히 연결시키는 도덕적 교화 시스템을 통해 부모에 대한 효행이나 형제 및 부부에 대한 우애가 국가 및 천황에 대한 충성과 다르지 않다고 선전했다.

「교육칙어」의 반포는 외형적으로는 유교적 도덕주의 아래 개인을 국가 구성원으로 재구성하기 위한 장치였지만, 「교육칙어」에서 말하는 효행은 그저 부모에 대한 공경만이 아니었다. 그것은 조상에 대한 제사까지 포함하는 행위라는 점에서는 신도적 종교성에 다가선 것이다. 천황은 물론 정부 각료가 이세신궁이나 야스쿠니신사 등에 참배하는 것은 협의의 정치적인 행위이기 이전에 메이지 시대 이래 성립되어 온 일본식 문화이기

---

* 황실 특유의 하향식 고어체로 되어 있는 「교육칙어」(1890)는 일본에서도 여러 종류로 번역되어 왔다. 이 글에서는 이권희가 일본 문부성의 현대어 번역을 참조하여 우리말로 옮긴 것을 이 장의 맨 앞에 소개했다.

이세신궁 내궁(內宮)의 정전(正殿)으로 들어가는 입구. 이세신궁은 일본 황실의 조상신(아마테라스 오미카미, 天照大神)을 모시고 있으며 일본 신사의 실질적 총본산이다. 현재 건물의 원형은 690년에 세워졌다고 전해지지만 건물의 기원은 더 이전으로 소급되며 정확한 연도는 알 수 없다. 황실의 조상신을 모시는 내궁과 곡식의 신(도요우케오미카미)를 모시는 외궁, 그리고 125개 부속 신사들로 이루어져 있으며 전체 면적이 5500만제곱킬로미터나 되는 방대한 규모이다. 내궁과 외궁 전체를 20년마다 부수고 옆에 새로 짓는 방식[式年遷宮, 시키넨센구]으로 원형을 보존하고 있다. 이것은 복사본과 원본 간 구분을 없애 원본의 영원성을 살리려는 시도라고 할 수 있다.(박규태, 『일본정신의 풍경』, 한길사, 2009, 251쪽 참조)

도 하다.

이세신궁은 물론 야스쿠니신사에도 여전히 현역 정치인의 참
배가 이어지고 있고, 종종 정치적 국면 전환의 근간으로 삼고
있으니, 이들 국가적 이념하에 강화되거나 설립된 신사들이야
말로 '종교적 정치' 혹은 국가 단위의 '정치적 종교'라는, 천황제
하의 일본 정치의 역학을 잘 보여준다. 고야스는 오늘날도 정치
인의 발길이 이어지고 있는 이세신궁에 대해 이렇게 규정한다.

이세신궁은 황실의 종묘이면서 동시에 천황이 전쟁의 개시와
그 종결이라는 국가의 대사를 보고하고 국가의 흥륭(興隆)을 원
하는 제국 신민들에 의해 떠받들어지는 제국의 큰 사당[大祠]이
다. 황실의 종묘이자 동시에 제국의 큰 사당이기도 하다는 것
은 이세신궁이야말로 국가신도의 중심에 자리 잡고서 국가신
도 그 자체를 구성하는 최고의 신적(神的) 시설이라는 것을 말
한다.*

지금도 연초에는 총리가 이세신궁에 참배하곤 한다. 정치인

---

* 子安宣邦, 『国家と祭祀 - 国家神道の現在』, 31-32頁.

의 야스쿠니신사 참배에 대해서는 일본 내에서도 비판의 목소
리가 일부 있기도 하지만, 이세신궁에 참배하는 일에 대해서는
그다지 문제 삼지 않는다. 게다가 천황의 즉위를 기념하는 제사
때는 전국의 신사가 봉축의 깃발을 내건다. 자연스러운 일본의
모습이다. 고야스는 바로 이 점에 주목하면서, 국가신도는 사라
진 것이 아니라, 여전히 살아서 진행 중이라고 본다.[*] 패전 이후
신도는 하나의 '종교법인'으로 격하되었고, 이세신궁 역시 법적
으로는 하나의 종교시설일 수밖에 없지만, 이세신궁은 여전히
천황 중심의 국가적 통합을 이루어 온 일본 정치의 연장선상에
있다는 것이다. 야스쿠니신사의 상황도 비슷하다.

종교적 정치성과 영혼의 사회화

주지하다시피 야스쿠니신사는 메이지유신 과정에서 발생한
내전 희생자들의 혼령을 모시고 국가적 차원에서 제사지내기
위해 창건된 신사다. 그 뒤 청일전쟁 이후 이어진 각종 전쟁전
몰자들의 영혼을 합사해 제사함으로써 국민으로 하여금 호국

---

[*]   子安宣邦, 『国家と祭祀 - 国家神道の現在』, 10頁.

의 정신과 자세를 갖게 하는 데 기여했다. 이런 식의 제사를 통한 통합의 시도는 다이쇼 시대(大正, 1912-1926)와 쇼와 시대(昭和, 1926-1989)에도 지속되었다. 이에 따라 야스쿠니신사는 전몰자의 영령을 위로하는 공간으로 알려져 왔다.

하지만 모든 전몰자들이 모셔져 있는 것은 아니다. 실상은 일본 정치의 제국주의적 의도에 부합한다고 판단된 사후 혼령들이 선별되어 모셔져 있다. 특정한 의도적 해석이 개입되어 창건되고 운영되는 신사라는 뜻이다. '죽은 이를 영령(英靈)으로 선별하고 제사의 신으로 받들려면 어떻든 역사 해석과 역사관을 필요로* 하는데, 야스쿠니신사야말로 사후 영혼을 천황제하의 호국 이념에 어울리게 해석하고 범국가적으로 적용해 온 전형적인 사례다. 야스쿠니신사 내 전쟁박물관인 유슈칸(遊就館)에 명기해 둔 '영령을 현창하고[英靈顯彰] '근대사의 진실을 밝힌다'는 두 가지 사명이 그것을 잘 보여준다. '영령을 현창하고', '근대사의 진실을 밝힌다'지만 그것은 일본의 국가주의 정신을 고취시킨다고 해석되었을 때에야 '영령', 즉 '꽃다운 영혼'이 되고 역사의 진실이 된다. 죽은 이가 영령이 되고 제사의 대상이 되려

---

* 子安宣邦, 『国家と祭祀: 国家神道の現在』, 59~60頁.

1934년 4월 야스쿠니신사 임시대제에 참배한 쇼와(昭和, 히로히토) 천황과 그 일행의 모습. 천황도 신사에 참배해 희생자를 위로하지만 논리적으로나 문화적으로 그런 행위와 제사 대상의 정점에는 결국 천황이 있다. 사진은 야스쿠니신사임시대제위원회 (靖國神社臨時大祭委員會) 편, '야스쿠니신사임시대제기념사진첩(靖國神社臨時大祭記念 寫眞帖)'.
(Public Domain, https://commons.wikimedia.org/wiki/File:Hirohito_visit_to_the_Yasukuni_Shrine_ in_1934.jpg)

II. 영혼의 정치학

면 역사적 사건에 대한 국가주의적 해석과 그런 해석을 가능하게 하는 일본적 역사관이 뒷받침되어 있어야 하는 것이다.

　패전으로 국가적 영광에 상처를 입힌 사건의 희생자들이 국가적 제사의 대상이 되지 못하는 것은 어쩌면 당연하다. 가령 제2차 세계대전 당시 미국과의 최후 교전이 벌어졌던 오키나와 전투에서의 죽음은 국가가 제사지내지 않는다. 오키나와에서 일본군에 의해 죽임당한 이들, 국가가 벌인 전쟁에 참여했지만 수세에 몰려 '개죽음'을 당한 패잔병이나 억지로 떠밀려 자살이라는 이름의 타살을 당한 민간인들은 국가적 제사 대상이 아니다. 야스쿠니신사의 국가주의에도 특정 이념에 입각한 선택과 집중이 반영되어 있는 것이다. 모든 일본인이 야스쿠니신사를 좋아하는 것은 아니라는 뜻이다. 가령 오키나와 사람들은 야스쿠니를 별반 좋아하지 않는다.

　하지만 이렇게 일본인 전체가 국가주의적인 것은 아니지만, 호국영령을 높이는 분위기는 일반 삶에도 작용한다. 가령 각 가정과 마을 단위로 있는 전사자 묘역이 그 사례이다. 야스쿠니신사에서 제사를 받는 전몰자는, 각 가정과 마을 단위에서도 함께 제사로 모셔진다. 그러다 보니 동일인의 제사가 이중, 삼중으로 모셔지는 것도 어색하지 않다.* 같은 전사자에 대한 제사 양식이 불교식, 신도식 등으로 다양해지기도 하지만, 종교적 이념 차이로 인한 갈등은 별로 없다. 모두 '호국영령'을 위로한다는 공통적인 사실에 기반해 있기 때문이다. 국가를 위한 희생이라는 점이 불교나 신도와 같은 외적 종교의 차이를 해소시키는 것이다.

이런 식으로 죽은 이의 영혼을 정치적 의도와 이념에 어울리게 이용하는 방식으로 종교와 정치를 일치시킨 메이지 정부의 정치적 역학은 여전히 계속된다. 이는 전쟁이 횡행했던 유럽에서 자국의 전몰 군인을 국가를 위한 영웅적 희생자로 미화하면서 민족주의적 정서를 강화하는 정치 체제를 만들어갔던 경우와 구조적으로 비슷하다. 가령 조지 모스(George L. Mosse)는 전사자에 대한 정치적 숭배 전략이 근대 민족국가를 강화하는 근거가 되었다는 사실을 적절히 분석한 바 있다. 유럽에서도 국가로 인해 희생당한 이들을 위로하고 그 영혼을 현창하며 그에 동의하는 이들을 민족의 이름으로 포섭하면서 근대국가가 형성되어 왔다는 말이다.**

---

* 이와타 시게노리, 조규헌 옮김, 『일본 장례문화의 탄생』(소화, 2009), 210.
** 조지 L. 모스, 오윤성 옮김, 『전사자 숭배』(문학동네, 2015), 13~17쪽; 조지 L. 모스,

근대국가는 이런 식으로 세속화한 형태의 종교적 구조를 한다. 메이지 시대 이래 진행되어온 영혼 현창형 국가형성 정책을 '영혼의 정치'로, 이를 위한 계몽적 시도 전체를 한 마디로 '영혼의 정치학'이라 할 만하다.

메이지 시대 이래 일본은 '영혼의 정치 시스템'으로 국민이 신들을 제사지내야 하는 이유와 신들의 위계를 직간접적으로 계몽하고 교육하면서 수직적 차원의 국가적 통합을 이루어 내는데 어느 정도 성공했다. 물론 메이지 시대 이전, 불교를 국가적 이념으로 삼던 당시에도 이미 불교는 국가주의적 관점을 견지해 왔고, 불교인 스스로도 호국적(護國的)일 때 불교로서의 의미가 있다고 보는 경향이 있었다. 그런 점에서 나카무라 하지메(中村元, 1912-1999)가 밝혔듯이, "일본인의 생활에서 국가가 지배적이었다는 것은 일본이 메이지 이후에 근대국가로서 출발하기 위하여 어떤 의미에서는 매우 유리한 조건이었다."* 이런 사회문화적 분위기가 메이지 시대에는 신도 중심의 국가 지상주의로 이어졌다.

임지현 외 옮김, 『대중의 국민화』(소나무, 2008), 27-28쪽.
* 中村元, 김지견 옮김, 『日本人의 思惟方法』(김영사, 1982), 120쪽. 이 책 106~122쪽에서 불교를 중심으로 일본의 국가지상주의 문제를 다루고 있다.

재앙신 신앙과 혼령의 인격화

이런 식으로 천황제하의 정치와 종교는 동전의 양면과 같다. 이때 동전 자체의 내면 혹은 심층에는 제사 양식을 통해 혼령과 상호 관계를 맺어 온 오랜 전통과, 인간이 참배를 통해 위로하지 않으면 무언가 해코지를 할지도 모른다는 신도식 원령 신앙이 놓여 있다. 사자(死者)의 혼령을 중시하는, 달리 말해 인간을 사후에 신적 차원에서 상상하는 정서는 불교도든 신도계 종교인이든 일본인에게는 그다지 어색하지 않다. 민속학자 고마쓰 가즈히코(小松和彦)는 이렇게 정리한다.

(일본에서) 중요한 것은 어떤 이유에선가 사람을 사후에 신격화하고, 그 결과 그 사람을 제사지내기 위한 시설을 세운다는 점이다. 그 신격을 신으로 부르든지 부처로 부르든지, 아니면 영혼이나 신령으로 부르든지 문제가 되지 않는다. 신도 계통의 종교인이 그 제사에 깊이 관여하면 신이 되는 것이고, 불교 계통의 종교인이 관여하는 경우에는 부처(호토케-필자)가 되어 불

당에 모시게 되는 것이다.*

물론 사후 혼령이 신격화되려면 일정한 자격이 있어야 한다. 사후에 사람들에게 재앙을 내릴지 모른다고 간주되는 혼령이라야 진지한 제사의 대상으로 신격화되는 것이다. 일본 민속학의 창시자라 할 만한 야나기타 구니오(柳田国男, 1875-1962)는 이렇게 말했다.

사람을 신으로 모신 경우에는 이전에 특히 몇 가지 조건이 있었다. 즉, 나이가 들어서 자연스럽게 생을 마감한 사람은 우선 대상이 되지 않았다. 사후에 여한(余恨)을 갖고 있는 것으로 인정되고, 따라서 자주 재앙을 내리는 방식으로 분노나 기쁨의 감정을 나타낼 수 있는 사람만이 영험한 신으로 모셔지게 되었다.**

사후에 재앙을 내릴 가능성이 있는 인격적 신령을 고마쓰는

---

* 고마쓰 가즈히코, 김용의 외 옮김, 『일본인은 어떻게 신이 되는가』(민속원, 2005), 10~11쪽.
** 고마쓰 가즈히코, 『일본인은 어떻게 신이 되는가』, 14쪽에서 인용.

스가와라 미치자네를 천신(天神)으로 모시는 여러 신사 중 교토에 소재한 기타노텐만궁(北野天満宮)의 본전. 스가와라가 '학문의 신'으로 추앙받게 된 이래 오늘날은 시험에서 합격을 기원하는 학생과 학부모들로 문전성시를 이룬다.
(CC BY-SA 4.0, ⓒHyppolyte de Saint-Rambert, https://commons.wikimedia.org/wiki/File:Kitano_tenman_gu_honden_affluence.jpg)

'재앙신 계통의 인신(人神)'이라 규정했다. 일본에서의 전형적인 사례는 스가와라 미치자네(菅原道真, 845-903)를 신으로 모시게 된 경우다. 헤이안 시대 중기 학자인 스가와라가 정적(政敵)에 의해 유배당했다가 사망한 뒤 교토에 천재지변과 역병 등이 발생하자 유배를 주도했던 후지와라 도키히라(藤原時平, 871-909)가 신사를 짓고 스가와라의 혼령을 신으로 모시면서 원령의 재앙을 피하고 자 했던 것을 말한다.* 죽은 이의 영을 위로하는 중요한 이유를 잘 보여주는 사례다.

그렇다고 해서 모든 위령 행위가 원령 신앙에 기반해 있는 것 은 아니다. 가령 전술한 야스쿠니신사의 경우는 후지와라가 그 랬던 것처럼 적국이나 상대방의 억울한 혼령을 위로하기 위한 신사가 아니다. 야스쿠니신사에는 일본을 위한 전란에서 희생 당한 전사자들의 혼령이 모셔져 있다. 자국의 전사자의 혼령을

---

* 헤이안(平安) 중기 후지와라 도키히라(藤原時平)가 정적 스가와라 미치자네(菅原道 眞)를 모략하여 유배를 보냈는데 스가와라가 유배지에서 사망했다. 그 뒤 교토에 각종 천재지변과 역병 등이 발생하자 이 모든 일이 미치자네의 원령 때문이라 결론 내린 후지와라는 당시 민간인이 미치자네의 혼령을 모시고 있던 작은 사당을 발전 시켜 기타노텐만궁(北野天滿宮)을 조성한다. 미치자네의 혼령을 신으로 모셔 제사 를 지냄으로써 비명횡사한 이의 원혼으로부터 재앙을 받지 않기 위해서였다. 이와 타 시게노리, 『일본 장례문화의 탄생』, 217~218쪽; 고마쓰 가즈히코, 『일본인은 어 떻게 신이 되는가』, 84~94쪽 참조. 미치자네 이야기는 재앙신 계통의 인신(人神) 신 앙을 보여 주는 전형적인 사례다.

자국을 위해 위로하는 셈이다.* 그런 점에서 야스쿠니신사의 경우는 단순히 전사자의 해코지를 피하기 위한 원령 신앙의 반영이라기보다는, 다음에 이어서 보겠지만, 국가적 정체성과 권력의 정당성을 확보하기 위한 인신(人神) 신앙적 정치 행위의 산물이라고 할 수 있다.

현창신 신앙과 '천황교'

후손에게 부정적 영향을 끼칠 만한 재앙신 계통의 인신 관념만으로 사람의 신격화를 다 설명할 수 없다. 천수를 다하고 죽은 권력자나 위인의 사후 영혼은 재앙을 내릴 가능성이 없는데도 신격화된 경우들이 있기 때문이다. 도요토미 히데요시(豊臣秀吉, 1537-1598)를 모신 도요쿠니신사(豊国神社), 도쿠가와 이에야스(德川家康, 1543-1616)를 모신 도쇼궁(東照宮), 메이지 천황(明治天皇, 1852-1912)을 모신 메이지신궁(明治神宮), 구스노키 마사시게(楠木正成, 1294-1336)를 모신 미나토가와신사(湊川神社), 사이고 다카모리(西郷隆盛, 1828-1877)를 모신 난슈신사(南洲神社) 등이 대표

---

* 이와타 시게노리, 『일본 장례문화의 탄생』, 218쪽.

적인 사례다. 이른바 '현창신(顯彰神) 계통의 인신(人神) 신앙*의 사례들이다.

이때 놓쳐서는 안 될 것이 현창신 계통의 인신을 모시는 신사가 메이지 시대에 들어 급증했다는 사실이다. 이것은 '호국영령'이 정치적으로 이용되고 조장되면서 강화되었듯이, 메이지 초기에 '민심을 통제하기 위한 도구의 일부로서 국가에서 적극적으로 현창신 계통의 신사를 창건**했기 때문이다. 이런 식으로 메이지 정부는 한편에서는 재앙신 계통의 민중 신앙이 단순히 원령 신앙이 되지 않고 일종의 현창신 계통의 인신 신앙으로 전환될 수 있도록 고도의 정치적 전략을 시도했고, 어느 정도 성공하기도 했다. 비록 메이지 정부는 이런 정치 시스템을 '종교'가 아닌 전통적인 '국가의 제사'라고 주장했지만, 현창신 계통의 인신 신앙에 기반한 호국영령에 대한 제사는 일본 전역을 사실상 거대한 종교공동체와 비슷한 구도로 만들어 가는 근거로 작용했다.

이러한 근거 위에 전술한 「교육칙어」의 정신과 정책이 이토 히로부미(伊藤博文)가 주도해 만든 「대일본제국헌법」과 함께 국

---

* 고마쓰 가즈히코, 『일본인은 어떻게 신이 되는가』, 15쪽.
** 고마쓰 가즈히코, 『일본인은 어떻게 신이 되는가』, 7쪽, 18쪽.

가 통합의 두 축으로 작용하면서, 천황은 정치적 권력과 정신적 권위 양쪽을 모두 갖는 데 성공했다. 가령, 「대일본제국헌법」은 "대일본제국은 만세일계(万世一系)의 천황이 통치한다."(제1조)라고 하면서도 "천황은 신성하게 보호된다."(제3조)는 규정도 함께 두어, 권리는 다 가지면서 책임은 면제되는 기이한 구조로 되어 있다. 독일의 법학자인 칼 슈미트(Carl Schmitt)가 "주권자란 예외 상태를 결정하는 자"라고 규정한 바 있듯이,* 천황은 헌법 제정의 원천이면서도 초헌법적 주권자가 되었다. 엄밀히 말하면, 메이지 유신의 주역들이 천황을 예외적 신성성에 입각한 무상(無上)의 주권자로 설정함으로써 자신들의 정치적 정당성을 확보해 나갔다고 말하는 편이 옳다. 그 근간이 천황을 일본정신의 근원으로 모시는 제사 형식을 통해 구체화되었다.

헌법 제정에 관여했던 이와쿠라 도모미(岩倉具視, 1825-1883)가 "아마테라스의 자손인 천황을 최상위로 모시는 것이야말로 일본 입국의 근본이 되어야 한다."라고 말했듯이, '천황은 조상의 유훈에 의하여 국민 전체의 행동 면만 아니라 의식 면까지 주재'**했다. 천황의 절대주권, 절대지배권을 확보해 사람의 모습

---

* 칼 슈미트, 김항 옮김, 『정치신학』(그린비, 2010) 16쪽. 원본은 1922년에 출판되었다.
** 구노 오사무·쓰루미 스케, 심원섭 옮김, 『일본 근대 사상사』(문학과지성사, 1999),

으로 나타난 신, 이른바 '현인신(現人神, deity)' 이념을 완성한 것이다.[*] 사실상 천황의 신격화가 이루어진 것이다.[**]

나카무라에 의하면, 『고사기』와 『일본서기』의 신화들도 천황을 신성시하며 쓰인 것인 만큼, '일본 사회 지도 계층의 최정상에 위치하는 개인을 최고자로 보며 절대 신성하게 여기는' 분위기는 오래되었다. 나아가 '선과 악의 구별도 전체의 신성한 권위에 귀의하는가 아닌가를 뜻하는 것이었으며, 그것은 천황에 대한 순종과 불순종을 뜻하는 것'이었다. 그런 점에서 메이지 시대 천황제도 분명히 하루아침에 이루어진 것은 아니었다.[***]

상대적으로 천황의 권위가 취약했던 바쿠후(막부) 시절에 비하면, 메이지 시대 천황은 이전 천황의 권위를 훨씬 능가하는, 사실상 "독일 황제와 로마 교황의 두 자격을 한 몸에 갖추었고, 국민은 정치적으로 천황의 신민이 될 뿐만 아니라 정신적으로 천황 신자가 되었다."[****] 외적으로는 국민이 헌법에 입각해 천황

110쪽.
[*]　이토 나리히코, 강동완 옮김, 『일본 헌법 제9조를 통해서 본 또 하나의 일본』(행복한 책읽기, 2005), 37~38쪽; 阿滿利麿, 『宗教は国家を越えられるか』(東京: 筑摩書房, 2005), 66-92頁 참조.
[**]　이토 나리히코, 『일본 헌법 제9조를 통해서 본 또 하나의 일본』, 37~38쪽; 아마 도시마로, 『천황제국가 비판』, 74쪽, 77쪽 참조.
[***]　中村元, 『日本人의 思惟方法』, 144~145쪽.
[****]　구노 오사무 외, 『일본 근대 사상사』, 109쪽.

이라는 절대군주를 신봉하는 형식이지만, 내적으로는 그렇게 신봉하지 않을 수 없도록 하는 시스템을 확보해 간 것이 메이지 시대 천황제였던 것이다.* 그곳에 종교의 정치화, 정치의 종교화가 있었다. '영혼의 정치학'에 기반한 일종의 '천황교'가 탄생한 것이다. 나카무라는 이렇게 말했다.

> 1945년(패전)까지는 천황 숭배가 일본에서 가장 심했던 신앙 형식이었다. … 일본인은 산 인격으로서 천황 개인 속에서 일본 국민의 집약적 표현을 발견하려고 한다. … 유신 이후에는 천황 숭배가 강권으로 집행되고 최근에는 그것이 절대 종교 형태로 되었으며 다시 국민 전체에게 강제 형식을 가진 신흥종교로 군림하였다.**

이와 관련하여 신종교학자 무라카미 시게요시(村上重良, 1928-1991)는 "메이지 정부가 이세신궁을 정점으로 전국의 신사를 조직화한 국가신도를 국가의 제사로서 초종교적 지위에 두고, 그

---

* 구노 오사무 외, 『일본 근대 사상사』, 112쪽.
** 中村元, 『日本人의 思惟方法』, 143~144쪽, 157쪽.

체제의 틀 안에서 여러 종교의 활동을 용인했다."*라고 말했다. 메이지 시대에 '국가신도'라고 부를 만한 것이 명백히 체계화되어 있었는지에 대해서는 논의의 여지가 있지만, 메이지 시대 천황제가 개별 종단을 아우르며 넘어서는 사실상 거대 종교 시스템의 기능을 했다는 것은 분명해 보인다.

비록 '국가신도'라는 용어 자체는 20세기 중반에 사용되기 시작했지만,** 신도의 국가주의적 측면은 메이지 시대 천황제의 연장선상에 있거나 그에 사상적 근거를 두고 있다고 보아야 할 것이다. 일본 사상가인 아마 도시마로(阿満利麿)가 "국가신도는 천황을 교조로 하고, 「교육칙어」나 「군인칙유(軍人勅諭)」를 경전으로 하여 전국의 신사를 교회로 삼은 국가 종교 조직이었다."라고 말하거나,*** 종교사회학자 이노우에 노부타카(井上順孝)가 '국학 및 복고신도는 그 자체로 하나의 종교 시스템****이었다고 규정하는 것들은 적어도 일본 천황제의 종교적 역할 또는 영향력을

---

* 村上重良,『国家神道と民衆宗教』(東京: 吉川弘文館, 1982), 85頁.
** '국가신도'라는 말 자체는 1945년 일본을 점령했던 연합군 총사령관에 의해 내려진 신도지령(神道指令)에서 처음 사용되었다. '국가신도'라는 구체적 체계나 조직을 갖춘 종단이 있었다는 뜻은 아니다.
*** 아마 도시마로,『천황제국가 비판』, 107~108쪽. '군인칙유'는 1882년 천황이 군인에게 요구한 덕목, 일종의 군인용 교육칙어이다. '군인칙유'의 핵심에 대해서는 이 책 제6장, '군국주의에 공헌한 불교계' 부분 참조.
**** 이노우에 노부타카 외,『신도, 일본 태생의 종교 시스템』, 22~23쪽.

잘 반영해 주고 있다.

국가, 확대된 가족

이렇게 메이지 시대 일본은 사실상 거대 종교공동체처럼 작
동해 갔다. 최근까지도 일본인에게 국가는 한편에서 보면 천황
을 정점으로 하는 거대한 가족과도 같았다. '가족국가'라는 말도
비교적 자연스러웠다. 여기에는 나라[國]를 집안[家]처럼 여기는
동아시아의 유교 분위기도 한몫을 했지만, 국가적 차원의 제사
를 강조한 메이지 시대 일본에서는 좀 더 당연하게 받아들여졌
다. 나카무라가 말했듯이, "'가족국가'란 것과 같이 자체에 모순
을 내포한 명칭이 … 일본인에게는 아무런 모순이 느껴지는 일
도 없이 마치 당연한 개념처럼 통용되었다." 이러한 거대 공동
체의 중요 작동 원리는 이미 보았듯이 위령 행위에 기반한 조상
제사였다. 이와 관련하여 이노우에는 이렇게 말했다.

조상령 혹은 조상신으로 자리매김되면 자신과 일족을 수호해
주는 존재가 된다. 일본인의 조상은 혈연에만 한정되지는 않으
므로, 일족의 결집을 위해 조상신 제사가 지니는 의의가 매우
컸다. 또한 그것이 확대되면서 일본이라는 국가를 '확대된 가

족'으로 보는 이데올로기가 출현하기도 했다.*

황실발 조상숭배 전통이 일본을 일종의 '확대된 가족'으로 보
게 만들고, 그것이 이데올로기의 강력한 계기와 출전이 된다는
것이다. 유학자 가지 노부유키(加地伸行)는 천황제와 관련한 일
본적 정서를 이렇게 간추려 말했다.

천황가의 역사는 천황가만의 것은 아니다. 그 연속성에서 우리
일본인은 일본의 역사를 공유한다고 느낀다. 물론 대다수 일본
인에게 족보(가계도)는 없다. 그렇지만 선조 이래 줄곧 이 나라
에서 살아왔고, 지금도 이어지고 있는 천황가의 한결같은 시간
의 흐름은 우리가 일본에서 이제까지 같은 시간을 함께 살아온
시간을 표현하고 있는 것이다. … 천황가의 역사는 그리운 우
리 조상(父祖)과의 시간적인 동일화를 느끼게 하고, 민족으로서
의 동일귀속감을 의식하게 하는 상징적 표현인 것이다. 천황제
라는 것은 우리의 심정(氣持)에 그런 의미를 지니고 있다.**

---

* 이노우에 노부타카 외, 『신도, 일본 태생의 종교 시스템』, 30쪽.
** 加地伸行, 『沈默の宗教 – 儒教』(東京: 筑摩書房, 2007), 229-230頁.

천황제가 일본적 통일성의 근거로 작용해 왔을 뿐만 아니라 상당 부분 일본인의 삶 속에 문화화 혹은 일상화되어 왔음을 잘 보여준다. 실제로 천황제는 최근까지도 대중적 정서와 생활 방식에 큰 영향을 끼쳐 왔다. 그 한 예가 쇼와(昭和) 천황이 사망하였을 때(1989) 일본 전역이 보여준 지나치게 여겨질 정도의 자숙과 애도였다. 일본역사교육자협의회의 증언과 비판적 평가를 들어 보자.

쇼와 천황 히로히토(裕仁, 1901-1989)가 돌연 각혈을 한 1988년 9월 19일부터 1989년 1월 7일의 사망, 그리고 2월 24일의 장례식에 이르기까지의 백수십 일간 텔레비전, 라디오, 신문, 잡지 등의 매스컴은 그야말로 기이하다고밖에 할 수 없는 천황 보도 경쟁을 벌였다. 특히 일본 각지에서 행사나 축제를 중단한다는 뉴스가 대대적으로 보도되고, 그때까지 대부분의 국민에게는 친숙하지 않았던 '자숙'이라는 단어가 일본 전체에 넘쳐났다. … 전통적인 축제와 행사의 자숙이 연일 뉴스에 오르고, 이것은 무언의 압력이 되어 전국으로 확산되었다. 예년 같으면 수십만 명이 참가했을 유명한 행사만이 아니었다. 마을 단위로 벌어지는 작은 축제에서부터 상점가의 대바겐세일에 이르기까지 '자숙'의 파도는 한없이 퍼져 나갔다. … 천황이나 천황제와는 아무 관련이 없이 행해져 온 것인데 천황이 발병했다는 이유 하나로 굳이 취소되어 버린 것이다. … 민중 문화로서의 행사와 축제, 거기에서 행해지는 민속놀이가 천황(제)과 대치될 경우 힘없이 무너져 버리는 것은 왜일까? 결론부터 말한다면 그것이 지니는 인민적, 민주적 성격의 불확실성과 미성숙 때문이다. … 촌락공동체 내 마을 사람들의 공동생활 전통이 전체주의적으로 바꿔치기 되고, 소박한 애향심이 충군애국과 멸사봉공의 국가주의적 애국심으로 둔갑하고 있다. 그 과정에서 민중의 생활 속에서 전승되어 온 모든 놀이와 문화는 천황제 절대주의 국가가 이끄는 침략 전쟁을 위한 국민 통합의 도구로서 최대한 이용되었다.*

물론 쇼와 천황의 사망을 자숙하며 과도하게 애도하는 국민적 물결이 각자의 진심에서 우러나온 개인들의 자발적 행위인지, 그렇게라도 표현해 주어야 할 것 같은 형식적 제스처인지 구분할 필요는 있을 것이다. 하지만 그와 상관없이 위 증언은 천황제와 일본인의 관계를 잘 보여준다. 일본인은 의식하든 의

* 일본역사교육자협의회, 김현숙 옮김, 『천황제 50문 50답』(혜안, 2001), 439~444쪽.

식하지 못하든, 사실상 '천황교'라 할 만한 시스템 안에서 살아왔음을 보여주는 적절한 사례다. '일본적' 종교문화의 전형적인 모습인 것이다. 일본의 정치적 시스템과 원리는 종교가 아닌 제사이며, 이것은 오랜 역사적 관습이라고 강조해 온 정치적 구호가 일본인에게 성공적으로 수용되면서, 일본인은 스스로 '종교인'이라는 의식은 가지지 못하면서도 넓은 의미의 종교적 양식에 익숙해져 온 것이다.

'무종교'라는 종교

실제로 보통의 일본인은 자신의 종교적 정체성을 '무종교'로 규정하곤 하는데, 이 말 속에 오히려 일본적 종교성이 깊게 반영되어 있다. 아마 도시마로가 설득력 있게 분석하며 해설한 바 있듯이, 사실상 일본인의 생활 방식 안에는 일본인의 오랜 '종교적인' 모습이 자연스럽게 녹아 있다.* 특정 종교 단체에 속해 있지는 않기에 스스로를 '무종교'라고 규정하지만, 실제로는 문화화한 애니미즘적 혹은 자연 신앙적 종교성을 도리어 강하게 보

---

* 阿滿利麿, 『日本人はなぜ無宗教なのか』(東京: 筑摩書房, 1997)에서 이 내용을 잘 다루고 있다.

여준다. 신도를 연구하는 종교사회학자 이노우에 노부타카도 이렇게 말했다.

연중행사와 인생 의례 등이 완전히 세속화된 것은 아니며, 여전히 종교적인 요소를 지니고 있다. 신도 습속이라고 부를 만한 많은 전통적 습속의 기본적 기능은 변함이 없다. 또한 근대에 새롭게 퍼진 습속이라 해도 그 배후에는 전통적인 종교 관념이 면면히 흐르고 있는 경우가 많다.*

앞에서 '천황교'의 영향력에 대해 살펴보았듯이, 일본인은 이른바 '일본교도'로 살아가고 있다 해도 과언이 아니다. 한국인도 '한국교'라고 불릴 만한 문화 안에서 그 문화에 어울리는 삶을 자신도 모른 채 살아가고 있지만,** '일본교'의 경우는 그 삶의 방식이 더 구체적으로 느껴진다.*** 그 '일본교'의 내용을 천황제가 강화시켜 온 것이다.

---

* 이노우에 노부타카 외, 『신도, 일본 태생의 종교 시스템』, 340쪽.
** 李賛洙, 「'文'に'化'する: 韓国宗教文化論」, 『中央学術研究所紀要』第37号, 2008, 11頁, 31~39頁 참조.
*** 박규태, 「'일본교'와 '스피리추얼리티'」, 『일본비평』 5, 서울대학교 일본연구소, 2011, 126~157쪽에서 이 문제를 다루고 있다.

1945년 패전 이후 천황의 신적 차원[人神]은 공식적으로 포기되고 상징적 존재가 되었지만, 상당수의 일본인이 그 상징성을 어떤 이유에서든 유지하는 것도 긍정적이든 부정적이든 천황제의 영향력이 일본인의 내면에 여전히 작동하고 있기 때문이다. 일각에서 천황제에 대해 반대의 목소리를 내기도 하지만,* 천황제가 유지되는 것은 불가피하다는 일반적인 목소리가 더 크다. 이른바 천황교가 일본 문화 안에, 긍정적이든 부정적이든, 개인적 정서와 연합하면서 지속되고 있는 것이다. 1990년대의 평가이긴 하지만, 일본역사교육자협의회의 말을 한 번 더 들어 보자.

여론조사 결과를 보건대, 천황이나 상징천황제에 대한 국민의 지지는 전후 사십수 년 동안 일관하여 7할대 이상을 점하며 안정된 것처럼 보인다. … 일본 국민의 천황제 의식은 단순한 세대교체를 통해 자동적으로 변화될 것이라고 생각할 수 없다. 국민의 천황제 의식은 '체제' 측에 의한 천황제 이데올로기의 의도적인 재생산과 이를 '수용'하는 국민 쪽의 내재적 요소가

---

* 특히 일본 그리스도교협의회의 반대 목소리가 높다. 日本キリスト教協議会靖国神社問題委員会, 『天皇の代替わり問題とキリスト教Q&A』(東京: 日本キリスト教協議会, 2012) 참조.

결합한 결과라고 보아야 한다.*

행위의 모호한 주체

근대 천황제는 분명히 위로부터 아래로 이식된 문화다. 그러한 이식이 가능하려면 국민이 어떤 형식이든 위로부터의 요구를 수용할 때에 가능하다. 일본 민중의 입장에서 보면, 민중이 천황제를 수용하거나 나아가 이용한 측면도 무시할 수 없다.** 가령 군부는 군부대로 천황의 권위를 이용해 정복주의적 전쟁을 국내적으로 정당화했다면, 국민은 국민대로 천황의 명령이라는 이유로 각종 사태에 개인의 내면은 괄호 안에 가둔 채 순응하는 모양새를 취하기도 했다. 때로는 전쟁 책임은 천황에 있다는 핑계를 대며 내심 전쟁에 동의했던 개인의 책임을 회피하기도 했다. 어떤 국가적 사태의 정점에는 늘 천황이 있었다는 뜻이며, 이것을 부정적으로 이야기하면, 일본 국민의 주체성은 희미하거나 불분명하거나 유동적이었다는 뜻이다.

---

* 일본역사교육자협의회, 『천황제 50문 50답』, 421~422쪽.
** 保阪正康, 「国民が利用した'天皇制': ある世代からの戦後風景」, 『宗教と現代がわかる本』(東京: 平凡社, 2009), 60~63頁.

일본문화학자인 도이 다케오(土居健郎, 1920-2009)는 일본인에게는 '아마에(甘え)', 즉 응석을 부리면서 부모가 다 해 주기를 바라는 아이의 정서와 비슷하게, 외부의 힘에 의존하면서 그 외부의 힘으로 하여금 무언가를 하게 하는 경향이 있다고 분석했다. 그러면서 이것을 천황제와 관련지으며 말했다: "일본인은 아마에를 이상화하고서 아마에가 지배하는 세계를 진짜 인간적인 세계라고 생각했고, 이것을 제도화한 것이 천황제였다고 할 수 있다."*

야마모토 시치헤이(山本七平, 1921-1991)의 일본인론도 이와 통한다. 야마모토에 의하면 일본인은 공기(空氣, 일본어 '구키', 우리말 '분위기'와 비슷하지만 강도가 더 세고 농도가 짙은 말)의 지배를 받는다.** 야마모토로 인해 일상어처럼 되어 버린 '공기를 읽는다(空気を読む)'라는 말은 공기를 읽어야 자연스럽고, 그렇지 못하면 영 어색하거나 '왕따'를 당할 수 있다는 뜻이다.

야마모토에 의하면, 일본인이 다분히 분위기에 따라 행동하는 태도는 "자신의 행동을 판단하는 주체가 자기 내면에 있다기보다는 밖에, 즉 외부의 분위기나 상황 속에 있음을 보여준다."

---

* 土居健郎,『甘えの構造』(東京: 弘文堂, 1971), 64頁.
** 山本七平,『空氣の硏究』(東京 : 文藝春秋, 1977).

야마모토는 제2차 세계대전에 참전했다가 제국주의적 야욕을 불태우던 자신의 나라에서 깊은 콤플렉스를 보았는데, 그 한 예가 "그저 관습대로 움직이다가 극한 상황에서는 자기 보호를 위해 스스로 사고(思考)를 정지시키며 가상의 현실을 만들어 그 가상과 싸우는 군인의 모습이었다. 야마모토에 의하면, 일본은 애당초 미국과 전쟁하는 법을 모른 채 가상의 미국을 현실의 미국으로 여기며 전쟁을 벌였다. 자멸의 길로 들어선 것은 당연했다. 이런 모습을 보며 야마모토는 일본이 미국과의 전쟁에서 패한 것이라기보다는, 현실에서 미군에게 결정적인 타격을 받고 허구의 세계가 산산조각 나자 그냥 항복해 버린 것이라고 말했다. 패할 것이 뻔한 데도 전함을 출항시키라는 해군 수뇌부의 냉담한 '공기'를 읽고—아마 해군 수뇌부도 공기에 따라—전함을 출전시키기도 했는데, 결과는 당연히 일본 군함의 처참한 침몰이었다. 일본 전함도 공기의 명령에 따라 출격했고 침몰했다는, 즉 일본이 벌인 전쟁의 실체도 사실은 '공기'에 있었다는 것이다.

야마모토는 제2차 세계대전의 패진국인 녹일과 일본이 전쟁 범죄에 대해 취하는 태도가 달랐던 이유도 여기서 찾았다. 일본인들은 모든 잘못된 결정의 책임을 '어쩔 수 없었어.' 하는 식으로 '공기'에게 맡긴 뒤, 미국이 만들어 놓은 새로운 '공기'의 명령에 따르며 전후에 새로운 삶을 살기 시작했다는 것이다. 천황이 항복을 선언한 날 도쿄가 도리어 차분하기도 했다는 것이 이제는 공기가 바뀌었다는 사실을 수용하는 데서 오는 행동이었다는 것이다."

"히로히토 천황이 자신을 신이라고 선포한 적이 없는데도, 패전 이후 천황은 신이 아니라 인간이라고 선언하는 모순이 벌어진 것도 천황을 신처럼 여기는, 아니 신처럼 여겨야 할 것 같은 조직적 '공기'를 반영한다는 것이다. 천황제도 일본의 공기가 만들고 운영해 온 셈이다. 그 연장선상에서 천황제 이후 민주주의도 일본인이 주체적으로 소화하며 구축한 것이라기보다는 저간의 분위기에 따라 형성되어 온 측면이 크다는 것이다."*

마루야마 마사오(丸山眞男, 1914-1996)가 패전 이후에 천황제를 가리켜 '무책임 정치'라고 진작에 평가하기도 했는데, 이상의 예들은 천황제가 도리어 일본인의 내면을 분열시켜 사태의 책임을 외부로 돌리게 하는 계기로 작용하기도 했다는 뜻이다. 행위는 있는데 행위의 주체는 모호해진 상황이 되다 보니 침략 전쟁

---

* 위 인용문들은 야마모토 시치헤이, 최용우 옮김, 『어느 하급 장교가 바라본 일본제국의 육군』(글항아리, 2016)를 필자가 정리한 글이다. 정리문은 이찬수, "야마모토 시치헤이라는 사람, 그의 일본론", 야마모토 시치헤이, 이서현 옮김, 『지혜의 발견』(모시는사람들, 2018), 10-12쪽 추천사.

에 대한 사과도 미온적이거나, 사과해야 할 주체가 딱히 드러나지도 않는 상황이 전후 수십 년이 지나도록 이어지고 있는 것이다. 긍정적이든 부정적이든 이런 식으로 천황제가 일본인 사유 전반에 끼친 영향은 지대하다.

III.
천황제의 현재
: 새로운 종교로 이어지는 제사 문화

"천황가는 지금도 신도에 근거하여 궁중의 가시코도코로(賢所, 황실의 상징인 삼종신기, 즉 거울·검·굽은구슬 중에서 야타노카가미(八咫鏡)라는 거울을 모셔 둔 곳 - 필자)에서 조상 제사를 지내고 있다. 현재 대부분의 일본인은 불교에 근거하여 집 안의 부쓰단(仏壇)에서 선조공양(선조 제사)을 하고 있다. 그런데 둘 다 바꿔 말하면 이것은 샤머니즘이면서 유교적이다. 천황가는 일본인의 있는 그대로를 대표하고 있다고 해도 과언이 아니다. 일본인의 감각에서 죽은 자는 정중히 대해진다. 적어도 우리 일본인의 평균적 감각에서 죽음은 죽은 자의 생전의 모든 것을 정화시킨다. 오쯔야(お通夜 - 죽은 자의 유해를 지키며 하룻밤을 새는 행위-필자)의 밤에, 장례식날에, 또는 그 후에, 죽은 이에 대해서 나쁜 말을 하는 것은 금기시되고 있다... 왜냐하면 일본인의 감각으로는 죽은 자는 이미 '성불(成仏)·성신(成神)'해있는 존엄한 존재라고 생각하기 때문이다... 그래서 야스쿠니신사에서 제사되는 죽은 자는 이미 인간이 아니고 신인 것이다. 그리고 팔백만신(야오요로즈노가미, 八百万の神)을 지닌 일본인으로서는 많은 신을 제사하는 일에 어떤 저항감도 가지지 않는다. 도리어 존엄한 존재로서 적극적으로 제사지낸다. 다만 유일 절대의 신이 아니라 친근한 신이기 때문에

성신·성불해서 이미 인간이 아닌데도 인간과 같은 친근감을 품고 있다. 그래서 중국인과 마찬가지로 유교적 강령 의식(신도의 초혼, 불교의 선조공양)을 행하기도 한다. 결국 일본인은 (1) 성신(成神)·성불(成仏), (2) 강령·초혼의 두 가지를 하고 있지만, 중국인은 (2) 하나뿐이므로 언제나 문제가 혼란스러워지는 것이다...(더욱이 죽음은 죽은 자의 생전의 모든 것을 정화한다는 감각이 일본인에게는 있다.) 이런 문화적 차이를 빼고서는 야스쿠니신사 참배 문제를 아무리 논해도 진전이 없다."
(加地伸行,『沈默の宗教—儒教』(東京: 筑摩書房, 2007), 231-235頁.)

제사와 위령의 나라

조상숭배를 중심으로 국가적 통합을 이루어 온 천황제 하의 일본 정치는 종교인의 위령 및 위령 관련 행위를 문화화하는 과정이었다고 할 수 있다. 위령은 일본의 전형적인 종교 의례다. 구체적으로 말하면, 그것은 신도적일 뿐만 아니라 불교적이기도 하고 유교적이기도 하다. 조상 제사의 이름으로 불교화하기도 하고 유교의 주장 속에 녹아들어 가기도 하는 등 일본의 종교적 정서의 근간을 이루고 있다.*

여러 종교들이 자기 식대로 위령 행위를 하는 것 같지만, 실상은 일본인의 오랜 위령 행위가 불교나 유교 혹은 신도의 모습을

---

* 이노우에 노부타카 외, 『신도, 일본 태생의 종교 시스템』, 29쪽; 加地伸行, 『沈默の宗敎—儒敎』(東京: 筑摩書房, 2007), 10-11頁.

입고 나타나는 것이라 해야 옳겠다. 이것이 조상 제사를 강조해 온 천황제를 통해 강화되어 오늘날까지 이어져 오고 있다고 보아야 할 것이다. 샤머니즘과 조상 제사, 그리고 그 계승으로서의 유교가 천황제를 통해 일본적인 종교 형태로 자리를 잡아 온 셈이다. 유교만이 아니라 불교가 동일한 기능을 해 왔다고 해도 무방할 만큼 신도와 불교는 오랜 세월 습합되어 왔다. 어떤 언어를 쓰든 사후 혼령과 적절히 관계 맺는 정서와 자세가 일본 종교문화의 근간이라는 점에서는 공통적이다.

가령 일본인의 44% 정도가 집 안에 조상의 신위나 각종 신상, 신사에서 발행하는 오후다(부적), 종교적 상징물 등을 모신 '가미다나(神棚)'를 두고 있고 절반 가량이 '부쓰단(仏壇)'을 모시고 있다.(2004년 기준) 선물이 들어오면 부쓰단에 올려 두고 조상신이나 가미에게 먼저 신고하곤 한다. 부쓰단과 가미다나를 모두 설치하는 경우도 제법 된다. 한국에서는 거의 사라진 이른바 '신줏단지'를 많은 일본인들이 여전히 모시고 있는 것이다.

이러한 일본적 상황에서 보면 망자에 대한 위령 행위는 어색하기는커녕 자연스럽게 느껴진다. 서구 문명을 수용하면서 조상신을 섬기는 문화가 급속히 퇴색되어 온 한국과는 달리 일본은 여전히 조상과의 연계성 속에서 산다. 이것이 메이지 정부 이래 강화되다 보니 조상의 조상으로 거슬러 올라가고, 그 정점

일본의 온라인 상점에는 한화로 10만 원 정도 하는 간단한 '가미다나'에서부터 100만 원 이상 가는 다양한 '부쓰단'들이 판매용으로 즐비하게 게시되어 있다. 일본 제사 문화의 분위기를 엿볼 수 있다. Google에서 검색한 사진이다.

에 대해 상상하다 보면 천황가의 기원과도 연결된다. 그런 점에서 일본인의 조상 제사는 자신도 모르게 행해지는 일종의 '문화 정치적' 행위의 연장이기도 하다.

오늘까지도 위령은 일본적 종교 의례의 기본이다. 위령은 조상 제사의 이름으로 불교화하기도 하고 유교의 주장 속에 녹아 들어 가기도 하는 등 종교적 정서의 근간을 이루고 있다. 여러 종교들이 자기 식대로 위령 행위를 하는 듯해도, 전술했듯이 실상은 일본인의 오랜 위령 행위가 불교나 유교 혹은 신도의 모습을 입고 나타나는 것이라고 할 수 있다. 위령 행위가 특정 교단의 종교 의례보다 더 근본적인 위치에 놓여 있는 것이다. 조상 제사를 강조해 온 천황제를 통해 강화되어 오늘날까지 이어져 오고 있는 셈이다. 일본에서 새로운 종교들이 탄생하고 전개되어 오는 문화적 바탕도 바로 여기에 있다.

영계에 대한 강조

앞에서 간단히 살펴보았지만, 일본에서 새로운 종교는 에도 바쿠후(江戸幕府, 1603-1868) 말기에서 메이지유신기를 전후로 신도적 정서를 반영하며 생겨나기 시작했다.* 그리고 20세기 이후에는 불교계, 특히 레이유카이(霊友会), 소카갓카이(創価学会), 릿쇼코세이카이(立正佼成会) 등과 같이 『법화경』을 중심으로 하는 신종교의 흐름이 커졌다.

이들 사이에는 시대를 관통하는 공통적 측면도 있는데, 그것은 대체로 위령이나 조상 제사를 강조하거나 실천하고 있다는 것이다. 물론 세부적으로는 교의상의 이질성과 강조점의 차이도 있지만, 큰 틀에서 신종교들은 대체로 그런 모습을 보여준다.

---

* 다양한 교파 신도 메이지 시대에 주로 발생했다. 이것은 신도적 요소를 가진 잡다한 교회 및 강사들이 일정 부분 조직화된 것을 하나의 교파로 공인한다는 메이지 정부 방침에 결정적인 영향을 받은 탓이다. 아울러 종교적 엘리트에 의해 수직적으로 교화되던 시대에서 일반인도 다른 대중에게 가르칠 수 있는 근대적 환경이 형성되면서 신도계 신종교는 물론 다양한 신종교들도 생겨난 것이라고 할 수 있다. 이노우에 노부타카 외, 『신도, 일본 태생의 종교 시스템』, 312쪽, 323~324쪽.

가령 무라카미 시게요시(村上重良, 1928-1991)에 의하면, 신종교의 기초에는 '신령의 실재'에 대한 믿음과 '샤머니즘적'이면서도 '개조의 권위에 종속적인' 정서 등이 놓여 있다.[*] 신령의 실재를 믿으며 샤머니즘적 종교 생활을 한다는 것은 조상숭배 또는 위령 행위를 의례의 핵심으로 한다는 뜻이기도 하다. 니시야마 시게루(西山茂)는 일본 신종교의 유형을 창창형(創唱型), 혼성형(混成型), 재생형(再生型)으로 구분하고서,[**] 각 유형에 속한 대표적 신종교로 오오모토(大本), 세이초노이에(生長の家), 레이유카이(靈友会) 등을 포함시킨 바 있다.[***] 종교학자 시마조노 스스무(島薗進)도 니시야마의 구분법을 이어받으며 이 신종교들이 영계의 존재와 인간과의 관계를 강조한다고 분석했다. 유형상의 다양성에도 불구하고 신종교들이 넓은 의미의 정령신앙을 기반으로

---

[*] 村上重良,『新宗教: その行動と思想』(岩波現代文庫, 学術170)(東京: 岩波書店, 2007), 39頁. 무라카미는 '천황제'라는 사실상의 보편적이고 권위적인 종교 시스템이 강력하게 작동하고 있었기에, 신종교의 교의는 체계적이거나 보편적이기보다는 상대적으로 주술적이고 기복적이며 다종교 습합적인 경향을 보여준다고 분석한다. 村上重良,『新宗教: その行動と思想』, 40頁.

[**] 창창형, 혼성형, 재생형은 각각 "'초자연적 존재로부터 받은 독자적인 계시를 기초로' 성립된 것", "'전통이 다른 종교·종파에서 추출한 여러 요소를 하나의 새로운 종교체계로 혼성시켜' 성립된 것", "'특정한 기성 종교의 전통적인 유산(성전, 교의, 실천법 등)을 계승하고 독특하게 재생시켜' 성립된 것"을 의미한다. 島薗進,『現代救済宗教論』(東京: 青弓社, 2006), 67頁의 해설을 따랐다.

[***] 西山茂,「新宗教と新新宗教」, 冥想情報センター編,『冥想と精神世界事典』(東京: 自由国民社, 1988); 島薗進,『現代救済宗教論』, 67頁에서 인용.

하고 있다는 것이다. 시마조노의 구체적인 정리를 따라가 보자.

첫째, '영계(靈界)'와 그 제 존재의 실재가 강조된다. ⋯ '영계'에는 신(神)과 불(仏), 수호신, 삿된 영[邪靈], 조상 등이 있다면서 이들의 실재를 강조한다. 다만 신이나 불보다는 조상이나 삿된 영 등 이상화되지 않은 친근한 영적 존재에 역점을 둔다. 둘째, 불행의 요인으로 무엇보다 영이 이미지화되고 있다. ⋯ 오오모토, 레이유카이, 세이초노이에에서는 조상의 영과 그 밖의 삿된 영이 장애를 일으킨다고 보며, 이것을 종종 마음가짐 이상으로 강조한다. 특히 조상의 영을 거론하는 경우가 많다. ⋯ 셋째, 주술적 구제 의례를 통해 영과의 교류를 활발하게 추구한다. ⋯ 레이유카이나 세이초노이에에서 보는 조상의 영은 현세의 인간에게 의지하는 존재로 유독 강하게 이미지화되고 있다. 그리고 현세의 불행을 해결하는 수단으로 공양을 특히 중시하고 있다. 이들 교단에서는 신자가 매일 불러야 하는 특별한 경전을 만들어 신과 불에 대한 기도와 함께, 혹은 그 이상으로 영에 대한 공양을 행하고 있다.[*]

---

[*] 島蘭進, 『現代救済宗教論』, 159~160頁.

유학자 가지 노부유키(加地伸行)의 눈에 비친 일본 신종교의 특징도 조상의 영을 이용하고 부각시켜 신자를 포섭하는 형태로 구성되어 있다. 유학자의 비판적인 해설이기는 하지만 그의 말을 들어 보자.

신종교에는 거의 공통점이 있다. 첫째, "당신 조상의 영을 소중하게 공양하라."라고 선조공양을 권면한다. 일본인이 상대인 경우 이 작전은 거의 백퍼센트 성공한다. 둘째, "인간의 혼(령)은 영원하며 내세가 있다."라고 말한다. 영원한 것이기에 한두 번의 공양으로는 안 되고 쭉 이어 가야만 한다. 이것은 교단과 신자의 관계를 만드는 데 중요한 점이다. 이것도 대부분의 사람이 승낙한다. 그리고 셋째, 여기까지 왔으니 단번에 영혼의 범위를 넓힌다. "당신이 지금 괴로워하는 원인은 악령이 붙어 있기 때문이다. 그것을 없애 버릴 필요가 있다."라면서. 여기서 악령이 나오게 된다. 보통의 일본인은 돌아가신 육친의 영혼이 존재한다고 믿는다. 그래서 이러한 확신을 넓혀서 타인의 영혼의 존재도 믿게 믿드는 것이다. 이때 악령이라는 것은 충분한 공양을 받지 못해 호토케(仏)가 되지 못한 후조부쓰레이(不成仏霊)라고 한다. 그래서 이 악령을 몸에서 내쫓는다. 영을 몰아내고[除霊], 영을 깨끗이 하는 것[淨霊]이다. 그렇게 몰아낸

뒤에 그 후조부쓰레이(不成仏霊)를 공양하면 만사가 순조롭게 풀린다는 것이다. … 그런 뒤 네 번째가 있다. 즉 "이렇게 된 것도 당신 전생의 악업이 지금까지 꼬리를 당기고 있으니 회개하고 우리가 전하려는 이 종교를 믿으라."라고 하여 신자가 되라는 말로 끝맺는다. 이렇게 해서 기쁘게도 신자 한 명이 탄생하게 되는 것이다.*

넓은 의미에서 영계와 교류하는 행위는 딱히 새로운 현상은 아니다. 일본의 가장 오래된 종교 전통인 신도가 일종의 정령 신앙을 기반으로 한 것인 데다가, 조상 제사를 강조하며 성립된 근대 천황제의 영향력하에 일본인이 일상적 삶을 혼령과의 관계 속에서 해석하는 것은 그다지 낯설지 않다.

그런 점에서 일본의 새로운 종교들 상당수가 죽은 이의 혼령과 관계 맺는 방식을 민중적 종교심의 근간으로 삼고 있는 것은 도리어 자연스러운 일이다. 해석학의 기본이 그렇듯이, 새로운 듯한 종교현상도 기존의 종교문화적 영향 안에서 생겨날 수밖에 없는 것이다.

---

* 加地伸行,『沈默の宗教—儒教』, 9-10頁.

신종교의 선조공양

신자 규모가 175만 세대 정도라는 법화계 신종교 릿쇼코세이카이(立正佼成会, 1938년 창립)는 '선조공양(先祖供養)', '부모 효행(親孝行)', '보살행(菩薩行)' 세 가지를 중시한다. 이 가운데 실질적으로 중요한 의례는 선조공양, 즉 자기 존재의 근원인 조상에게 '보은감사'하고 그 영을 '위로'하는 행위다.[*] 조상의 영이 후손에게 각종 영향을 끼친다고 보기 때문이다. 그런 마음으로 부모에게 효도하고 선행을 쌓으면 그 공덕이 조상의 영에 전해지고 다시 그 공덕을 타자에게 되돌리며 사는 삶이 릿쇼코세이카이의 중요한 종교적 실천이다. 이런 배경 속에서 구역별 종교 행사를 위해 다른 신자 가정에 찾아가면 먼저 부쓰단(仏壇)에 모셔져 있는 본존불과 교단의 개조(開祖)에게 인사한 뒤, 찾아간 집안의 조상신에게도 인사를 올린다: "○○집의 조상님, 잘 부탁드립니다!"

종교학자 무라카미 시게요시에 의하면, 신종교는 대체로 개조의 권위에 종속적인 경향이 있다. 릿쇼코세이카이 신자들도

---

[*]　立正佼成会布教本部 編, 『立正佼成会入門』,(東京: 佼成出版社, 1973), 37~41頁.

기본적으로 개조를 존경하며 개조의 음덕을 요청하는 기도를 한다. 이미 타계했어도 개조의 권위는 여전히 지속된다. 넓은 의미에서 현창신 계통의 인신 신앙을 반영하는 사례라고 할 수 있을 것이다.

나아가 불교계 종단이면서도 방문한 집의 조상에게 똑같이 음덕을 요청하는 행위는 조상신 숭배 전통을 반영한 것이라고 할 수 있을 것이다. 그리고 오랫동안의 신불습합(神仏習合) 문화로 인해 부쓰단 안에 조상의 영도 함께 모시면서,* 조상의 혼령을 위로하는 것을 자연스럽게 수용해 온 일본적 전통의 영향이기도 하다.** 조상신 숭배를 당연시하고 이를 통해 그 조상도 자

---

* 실제로 자연 신앙 수준에 머물던 민중이 불교 신앙을 수용하게 된 민속 신앙적 근거도 첫째, 불교가 부쓰단(불단)을 두어 조상의 영도 함께 모신다는 것과 둘째, 다양한 현세 이익적 기도를 불교에서 수용하고 있다는 점 때문이었다. 야스마루 요시오, 이원범 옮김, 『천황제 국가의 성립과 종교변혁』(소화, 2002), 54~55쪽.

** 야스마루 요시오가 다소 강하게 해석하고 있듯이, 신도의 국가화를 위해 강력하게 단행된 "폐불훼석도 그 내용으로 말하면, 민중의 종교 생활을 장례와 조상령 제사로 거의 일원화시켜, 그것을 총괄하는 것으로 산토사(産土社, 마을의 조상신을 모신 신사-필자)와 국가적인 대사들의 신앙을 그 위에 두고, 그 외의 종교적인 것들을 난폭하게 압살하려고 하는 것이었다"(야스마루 요시오, 『천황제 국가의 성립과 종교변혁』, 186쪽). '신불분리'와 '폐불훼석'을 단행한 메이지 정부의 정책은 장례와 조상령 제사 중심의 민중 불교와 맞아떨어져, 한편에서는 그로 인해 불교가 파괴되거나 폐쇄된 형태도 나타나기도 했지만, 다른 한편에서는 위령 혹은 조상숭배를 중심으로 불교의 민중성을 확보하는 근거가 되었다. 나아가 메이지 정부 정책에 결국은 순응하면서 일본 불교는 국가적 이데올로기로부터 완전히 자유롭지 못한, 국가 중심적 불교를 지속해 오기도 했다. 국가 수호와 불교 수호를 동일시하는 식으로 국가적 정책에 타협하면서(ランジャナ・ムコパディヤーヤ, 『日本の社会参加仏教』,

신들과 같은 공동체에 속해 있다는 의식을 지닌다고 보는 것은 오랜 정령신앙의 연장선이기도 한 것이다.

릿쇼코세이카이의 개조인 니와노 닛쿄(庭野日敬, 1906-1999)가 한동안 몸담았던 레이유카이가 『법화경』을 근간으로 하는 법화계 신종교이면서도 일상적 종교 의례는 조상숭배를 중심으로 하고 있다는 사실에서 이미 릿쇼코세이카이 종교 의례의 핵심을 예단할 수 있다. 불행의 원인을 넓은 의미의 영과의 관계 속에서 해석하며 일상적 신앙의 실천도 영과의 관계성 속에서 규정하고 있는 것이다.

물론 위령에 기반한 조상 제사 행위는 이들에게만 해당되는 것은 아니다. 일본 신종교 연합 단체의 공통적 연례행사도 일종의 위령제다. 가령 1951년 창립된 일본 신종교 최대 연합 단체인 신일본종교단체연합회(新日本宗教団体聯合会)에서는 야스쿠니신사 인근에 있는 '치도리가부치(千鳥ヶ淵) 전몰자묘원'에서 매년 종전 기념일에 신종교인 수백 명이 참여한 가운데 각 교단의

東京: 東信堂, 2005, 51~52쪽), 조상의 영을 중시하는 분위기도 동시에 살리는 방식으로 스스로의 정체성을 유지해 온 것이다. 야스마루 요시오, 『천황제 국가의 성립과 종교변혁』, 159쪽, 164~165쪽, 179쪽, 185쪽. 물론 앞에서 본 대로 불교의 호국성은 일본 불교의 오랜 특징으로서, 메이지 시대에 비로소 국가주의적 불교가 성립되었던 것은 아니다.

의례 방식에 따라 전몰자를 위한 위령제를 지낸다. '위령'이라는 신종교의 공통성 또는 세계관을 반영하며 진행되는 행사인 것이다. 신종교 전체를 교단별로 일일이 확인하지 않더라도 일본 신종교 최대 연합 단체의 공통 종교 의례가 위령제라는 사실에서 위령 행위의 보편성을 확인할 수 있다.

이런 식으로 위령 행위 또는 조상숭배 전통은 신종교 안에서도 구체적으로 지속된다. 위령 행위, 좀 더 구체적으로 조상 제사를 근간으로 국가적 통치 시스템을 강화해 온 저간의 통치 전략이 문화화한 흔적 또는 영향이라고 할 수 있다. 죽은 이의 영혼을 이용해 살아 있는 정치 시스템을 만들었듯이, 이것은 산 자가 죽은 자를 이용하여 자신들의 평화를 도모하는 행위이기도 하겠고, 죽은 자가 산 자들 사이에 평화를 가져다주는 것이라고도 할 수 있다. 새로 생겨난 종교의 생활 방식도 '영혼의 정치'의 원리에 따른다고 할 수 있다.

수직적 국가주의의 거부

물론 이렇게만 보면 새 종교들의 그 '새로움[新]'이 무색해질지 모른다. 분명히 새 종교들의 내용도 기존의 정령신앙 또는 조상숭배 전통과 상당 부분 연속성이 있기 때문이다. 나아가 전술

치도리가부치 전몰자묘원(千鳥ヶ淵戦没者墓苑). 전쟁 중 사망했으나 신원을 확인하기 힘든 군인 및 일반인 유골을 안치하기 위해 1946년 3월 28일 도쿄에 치도리가부치 전몰 자묘원을 만들었다. 일종의 '무명 전몰자의 묘'로서, 2019년 기준으로 37만 69위의 혼령을 일괄해서 모시고 있다. 야스쿠니신사에 비하면 크기와 양식이 모던하고 소박하다. 야스쿠니신사 근처에 있지만 야스쿠니가 사람들로 북적이는 데 비해 이곳은 대체로 한적하다. 국가주의적 이념에 덜 노출되어 있는 신원 미상의 영혼들인 데다가 규모가 작고 딱히 볼거리도 없기 때문일 것이다. 사진은 치도리가부치에서 '일본신종교교단연합회'가 주관해 개최한 전몰자위령제 및 평화기원식 장면(2012.08.14). 야스쿠니신사에서 행해지는 '관료적' 위령제와는 달리, 여러 종단들이 연합한 자발적 민간 행사라는 점에서 의미가 있다.(필자 촬영)

한 대로 무라카미 시게요시가 개조의 권위에 대한 종속성을 신 종교의 특징으로 제시하기도 했지만, 나카무라 하지메(中村元, 1912-1999)의 꼼꼼한 분석에 의하면, 개조를 숭배하는 전통, 특정 개인에 대한 귀속 전통은 일본 종교문화에 전반적으로 드러나는 현상이다.

> 일본 각 종파의 신도 사이에서는 역사적 인물로서 각 종파의 개조(시조)에 대해 숭배하여 귀의하는 태도가 강렬하다. 또한 각 종파도 개조 중심의 종교 형식을 보여주고 있다.*

그 점만 보면 새 종교라고 해서 딱히 새로울 것도 없어 보인다. 하지만 새 종교의 '새로움[新]'은 교의나 조직의 형식보다는, 서론에서 잠깐 보았듯이, 전근대적 정교일치 분위기에 저항하며 개인적 신념에 기반한 별도의 조직을 형성했다는 데서 찾을 수 있다. 교리 자체보다는 교리를 구체화해 나가는 '독자적' 행위에 신종교의 새로움이 있다는 것이다.

이것은 천황제의 영향력이 지대하기는 하지만, 일본 종교계

---

* 中村元,『日本人의 思惟方法』, 129쪽. 이 책 122~143쪽에서 이 문제를 구체적으로 다루고 있다.

전체가 천황제하의 수직적 정책에 종속되기만 했던 것은 아니라는 뜻이기도 하다. 일본의 신종교는 전근대적 정교일치의 국가를 형성해 가는 데 대해 비판의 목소리를 내면서 근대적 종교의 자유를 구현하려는 시도를 하기도 했다. 선구적인 예는 텐리교에서 보인다.

텐리교(天理教)는 국가신도가 스스로를 비종교로 규정하는 바람에 '교파신도'라는 새로운 범주 안에서 종교로서의 자격을 얻은 선구적인 교단이다. 텐리교의 교조 나카야마 미키(中山みき, 1798-1887)는 메이지 유신을 전후한 시기에 종교의 국가주의적 정책을 지속적으로 반대하다가 세 차례나 투옥되기도 했다. 나카야마는 '다카야마(高山, 권력자들)'를 비판하고, '다니소코(俗底, 가난한 이들)'를 지속적으로 편들었다. 그런 식으로 국가 종교 정책에 휘둘리지 않고 개인의 양심에 근거한 종교적 영성을 구체적으로 보여주었다.

나중에 곤코다이진(金光大神)으로 받들어진 곤코교의 개조 가와데 분지로(川手文治郎, 1814-1883)도 국가신도에 종속되는 것을 거부하며 자신을 통해 인간을 구제하고자 한다는 '곤코(金光)'에 대한 독자적 신앙을 확보하고자 했다. 오오모토(大本)의 데구치 오니사부로(出口王仁三郎, 1871-1948)도 일본의 군비 확충과 전쟁을 비판했다. 텐리교는 물론 곤코교, 오오모토 같은 교파신도는

국가 주도의 종교적 흐름에 휩쓸리지 않고 자발적으로 개인의
양심을 선택함으로써 일본에서 종교적 근대성을 보여준 사례로
삼을 수 있을 것이다.

릿쇼코세이카이의 개조 니와노 닛쿄(庭野日敬, 1906~1999)가
1960년대 이후 야스쿠니신사를 국가의 직접 관리하에 두려는
이른바 야스쿠니법안(靖国法案)에 대해 지속적인 반대를 해 왔
던 것도 종교적 근대성을 보여주는 사례라 할 만하다. 니와노는
천황을 정치적으로 이용하면서 평화주의로부터 벗어나려는 시
도는 '신교(信教)의 자유'와 '정교분리(政教分離)'를 원칙으로 하는
「일본국헌법」(이른바 「평화헌법」)에 정면으로 배치되고, 국민주권
과 평화주의를 위협하는 행위라며 정부 정책에 대해 항의를 하
기도 했다.* 니와노가 신일본종교단체연합회의 이사장을 맡던
시절에는 연합회 이사장의 이름으로 야스쿠니법안을 상정하려
는 국회에 공식 항의문을 제출하기도 했고,** 이른바 「평화헌법」
을 지지하고 존중한다는 입장을 여러 차례 표명했다.***

---

* 『佼成新聞』(1974年 4月 12日), 立正佼成会平和研究会 編, 『庭野会長平和観資料
集』, 立正佼成会平和研究会, 1976年 1月, 33頁.
** 『佼成新聞』(1974年 4月 19日), 立正佼成会平和研究会 編, 『庭野会長平和観資料
集』, 33~34頁.
*** 庭野日敬, 『平和への道』(東京: 佼成出版社, 1978), 84頁.

「평화헌법」을 개정해 군사력을 강화하려는 자민당 정부의 움직임에 대해 2005년에는 '헌법 개정에 대한 기본자세'라는 이름으로, 2013년에는 '헌법 개정에 대한 견해'라는 이름으로 교단 차원의 반대 목소리를 공식화하기도 했다. '국민주권', '기본적 인권의 존중', '평화주의'를 기본 원칙으로 하면서 인류의 형제자매성에 기반한 '인류익(人類益)'과 '지구익(地球益)'을 추구한다는 취지에서다.

'영혼'은 해석적 실재

일부 신종교 단체에서 보여주는 이런 자세는, 한편에서 천황제하에 성립되어 온 조상숭배 중심의 종교문화라는 측면에서 연속적이면서도, 다른 한편에서 탈국가주의적인 목소리를 독자적으로 낸다는 점에서는 불연속적이기도 하다.

물론 모든 신종교가 탈국가주의적인 독자적 목소리를 내는 것은 아니다. 소카갓카이(創価学会)처럼 여당과 연립정부를 구성하고 있는 코메이도(公明堂, 이하 공명당)를 전폭 지원하며 국가주의적 흐름에 편승하는 신종교 단체도 있고, 탈국가주의를 지원하는 기성 종단도 있다. 그럼에도 불구하고 신종교가 신종교인 이유는, 교리의 내용은 차치하고라도 거대한 국가주의적 흐름 속에서 저마다의 목소리를 내 왔다는 데 있다고 할 수 있다. 근대의 천황제는 신도를 중심으로 하는 국가주의적 흐름 속에서 성립되었지만, 일본에서 '근대적' 종교성은 천황제가 아니라, 그 반작용으로 성립된 신종교에서 그 일단을 볼 수 있는 것이다.

고야스 노부쿠니(子安宣邦)가 귀신은 귀신 담론 속에 존재한다고 했듯이, 이런 식으로 '영혼'이 의미 있게 해석되고 유통되면서 사회 전체를 바꾸는 강력한 실재로 작용해 온 예를 일본 천황제와 신종교들에서 볼 수 있다. 신종교는 한편에서는 저마다의 독자성을 가지면서도, 다른 한편에서는 국가 주도적 영혼 담론의 영향을 받으며 영혼이 실제로 삶을 변혁시키는 근간으로 작용하도록 하는 데 기여했다고도 할 수 있다. 일본에서 영혼은 그런 방식으로 개인과 사회와 국가 안에 실존해 왔다.

마찬가지로 한국에서 나라를 위한 희생적 행위를[忠] 현양한다는[顯] '현충일(顯忠日)'도 영혼에 대한 정치적 해석을 통해 국가적 통일성 혹은 정권의 정당성을 도모하려는 장치의 하나다. 의식적이든 무의식적이든 그런 정치적 해석에 따르는 이들에 의해 국가 중심적 영혼 담론이 형성되거나 강화되고, 그렇게 형성되거나 강화된 어떤 실재가 실제로 현실을 변화시키는 힘으로 작용하곤 한다.

그런 식으로 영혼이라는 것도 해석적 실재이다. 기독교 신학자인 코링턴(Robert S. Corrington)이 영혼(the spirit)이 기호(언어)에 힘을 주어 공동체의 통합성에 영향을 미친다고 기호학적으로 분석했던 것도 같은 원리를 보여준다.* 영혼이 담론의 형태로 존재하면서 사회를 변혁시켜 왔다는 사실을 메이지 시대 이래의 천황제에서 적절히 확인할 수 있는 것이다.

---

* 로버트 코링턴, 장왕식 · 박일준 옮김, 『신학과 기호학』(이문출판사, 2007), 292~296쪽.

IV.
제사의 정치,
영혼의 거처

"메이지 헌법이 '거의 다른 여러 나라의 헌법에서는 유례를 찾기 힘든' 대권중심주의...나 황실자율주의를 취하면서, 아니 그보다는 그야말로 그 때문에 원로(元老)·중신(重臣) 등 초헌법적 존재의 매개에 의존하지 않고는 국가의사가 일원화되지 않는 체제로 만들어진 것에도, 결단주체(책임의 귀속)를 명확히 하는 것을 피하고, '도움 주고 도움 받는 관계'(もちつもたれつ)라는 애매한 행위연관...을 좋아하는 행동양식이 암암리에 작용하고 있다. '보필'(호히츠, 輔弼, 천황의 국정을 보좌하는 일 - 필자)이란 결국은 통치의 유일한 정통성의 원천인 천황의 의사를 '헤아리는' 동시에 천황에 대한 조언을 통해서 그 의사에 구체적인 내용을 '부여하는' 것과 다르지 않다. 앞에서 말한 '무한 책임'의 엄중한 윤리가 이런 메커니즘에서는 거대한 '무책임'으로 전락할 가능성을 언제나 내포하고 있다.

정치구조의 '내부'에서 주체적 결단의 등장이 한시고 회피되는 반면... 외부에서 그런 '하나의 큰 기계'(一大器械)에 시동을 거는 주체를 전적으로 명확하게 하고, 헌법제정권력에 대해서 조금의 분란의 여지도 없애는 것이 천황제 제작자들이 고심했던 부분이었다. 메이지 헌법이 흠정헌법이어야만 하는 까닭은, 결코 단순히 헌법제정

까지의 절차의 문제가 아니라, 군권(君權)을 기축으로 하는 전체 국가 기구의 활동을 '앞으로도 계속' 규정하는 부동의 뼈대(建って前)였던 것이다."(丸山眞男,『日本の思想』, 東京: 岩波書店, 1996(64刷), 38-39頁)

국가의 제사

'영혼의 정치학'에서도 보았지만, 메이지 정부는 오랜 정령숭배 전통인 신도를 조상의 혼령을 기리는 유교식 제사 형식에 맞게 재구성하면서 조상의 기원인 천황가를 중심으로 민족적 정체성을 확립하고 국가적 통일성을 추구했다. 이번 장에서는 이른바 '귀신(鬼神)'을 국가적 차원에서 제사하며 사회 통합의 근간으로 삼아 온 메이지 시대의 정치론과 그 흐름을 "제사의 정치"라는 열쇳말을 중심으로 정리해보고자 한다. 이어서 "제사의 정치"를 중심으로 형성되어 온 일본적 공(오오야케, 公)과 사(와타쿠시, 私)의 개념 및 그 관계성에 대해 알아보고자 한다. 일본인의 오오야케(公) 의식에서 '제사'라는 종교적 양식을 국가적 통합의 근간으로 삼아온 일본 정치의 양상 및 일본이 왜 인류 보편의 가치보다는 일본 내부의 고유한 가치에 더 집중하는 경향을 보여주는지 읽을 수 있기 때문이다.

이를 위해 전술한 고야스 노부쿠니의 입장을 존중하되, 일본적 공공성을 판단하는 기준으로는 동아시아적 공공철학의 확산에 일조하고 있는 김태창(金泰昌)의 입장을 참조하며 진행하고자 한다. 김태창이 정리한 '활사개공(活私開公)'이라는 공공성 규정을 메이지 시대 '오오야케(公)' 개념을 판단하는 근거로 삼아보려는 것이다. 제사의 원리를 기반으로 국가적 통합을 이루어온 메이지 시대 정치의 역학 및 그 영향력 속에서 오늘까지 지속되고 있는 일본적 공사관 내지 공공성은 어떤 특징을 지니는지, '활사개공'적인 공공성과는 어느 정도의 거리에 있는지 전반적으로 가늠해 보도록 하겠다.

살아 있는 사자(死者), 영혼의 국가화

앞에서도 보았듯이, 메이지 정부는 국가가 주도적으로 제사를 지내면서 사람들이 영혼의 유무에 대해 논하고 조상신에 대해 상상하고 또 이야기하게 만드는 문화 혹은 담론 체계의 확산을 도모해 왔다. 귀신 혹은 영혼은 가족적 혹은 국가적 제사라는 형식을 통해 이미 그렇게 제사를 지내는 인간적 의도에 어울리게 해석되는 방식으로 존재한다는 것을 보여주는 사례이다.

고야스 노부쿠니(子安宣邦)가 보기에 귀신은 없다는 무귀론(無鬼論)도 사회적 차원에서는 유귀론(有鬼論)과 비슷한 기능을 한다.* 산 사람이 만들어 가는 현실 정치 속에 이른바 죽은 이의 영혼이 깊이 관여하고 있다는 것이다. 특히 국가적 차원에서 제사를 제도화 내지 문화화하려 시도할 경우 해석에 따라 제사의 대상은 그 제도와 문화 속에 살아 있는 실재가 될 가능성이 더 커진다. 메이지 시대는 제사의 대상을 천황에까지 연결시키는 강력한 문화적 통치로 국가의 구조를 견고하게 만들고, 다른 국가에 대한 침략전쟁까지도 불사하게 하는 내부적 동력까지 확보했다. 그런 점에서 제사 행위는, 그것이 가족 안에서 이루어지든 국가적 차원에서 거행되든, 그저 하나의 탈사회적 종교현상으로만 머물지 않는다. 제사의 대상이 된 귀신은 제사를 드리는 이들에게 담론의 주제가 되고, 다시 문화와 정치의 근간으로 작용하며, 나아가 국가 형성의 이념적 기초를 제공하기도 한다는 점에서, 이미 생생한 사회적 실재이다.

이것은 담론 양식을 적절히 조율하면 살아 있는 이들의 삶의 양식을 재편할 수 있다는 뜻이기도 하다. 일본의 토착적 정령숭

---

* 子安宣邦, 『鬼神論』, 169-174頁.

배 전통인 신도가 유교식 제사 형식과 만나 국가적 차원으로 확대되는 과정은 이러한 '제사의 정치'의 구조와 역학을 잘 보여준다. 조상에 대한 제사 양식의 변화를 통해 조상신을 국가 주도의 담론 속에 살게 하면서 조상의 정점인 천황 중심의 국가적 통합을 도모하는 정치적 과정을 '제사의 정치'라고 명명한 것은 이런 이유에서다.

이때 제사의 대상이 정말 나라를 지키다 죽은 혼령인지의 여부는 본질적인 문제가 아니다. 그와 관계없이, 호국영령은 국가와 국민의 제사 대상으로 재구성된 일종의 '담론상의 전사자'라고 할 수 있다.* 국가를 위해 존재해 달라고 국가에 의해 요청된 영혼인 것이다. 국가는 담론으로 재구성된 혼령의 의미를 정치적으로 홍보하고 교육함으로써 국민으로 하여금 실제로 호국적 정신을 갖게 한다. 그런 점에서 고야스는 이렇게 말했다: "국가는 영령을 필요로 한다."**

하지만 잠시 전술했듯이 일본의 팽창적 제국주의의 가치를 반감시킨 이의 영혼은 '영령'이라고까지 말하기는 힘들다. 가령 야스쿠니신사에는 일본의 제국주의적 정치에 부합한다고 여겨지

---

* 子安宣邦, 『鬼神論』, 23頁.
** 子安宣邦, 『鬼神論』, 18頁.

는 혼령들만 모셔져 있다. 야스쿠니 전쟁박물관[유슈칸, 遊就館]이 '영령을 현창하고' '근대사의 진실을 밝힌다'는 목적으로 설립되었다지만, 이때의 영령이란 일본의 국가주의 정신을 고취시킨다고 해석되었을 때에야 적용되는 언어다. 이런 영령을 현창하는 행위만을 '근대사의 진실'로 삼는다는 뜻이라고도 할 수 있다.

패전으로 국가적 영광에 상처를 입힌 사건의 희생자들은 국가적 제사의 대상이 되기 힘들다. 태평양전쟁 막바지에 미국과 교전을 벌였던 오키나와에서 무수히 희생된 자들은 국가가 제사지내지 않는다. 고야스는 이렇게 말했다: "오키나와만이 아니다. 제사드려지지 않는 국내외의 무수한 사자(死者)의 입장에서 생각해 보면, '일본인의 마음'을 속여 국가와 야스쿠니가 연속적이라 말하는 것은 이데올로기적인 허언에 지나지 않다는 것이 명백하다. … 국가에 의해 죽음에 이르렀으나 제사드려지지 않는 안팎의 무수한 사자(死者)들에게는 야스쿠니의 존재 자체가 기만일 것이다."*

---

* 子安宣邦, 『国家と祭祀 - 国家神道の現在』, 189-190頁.

종교적 정치와 제사의 문화화

이러한 비판이 제기되어왔다는 사실은 일본이 제사와 정치를 연결시키며 국민이 신들을 제사지내야 하는 이유에 대해 지속적으로 요구하고 교육하면서 수직적 차원의 국가적 통합을 이루어내는 데 성공했음을 보여준다. 실제로 전사자를 위한 묘역을 가정과 마을 단위로도 조성해 일상생활에서 호국영령을 높이는 분위기를 만들었다. 일·이차대전을 겪은 유럽과 미국에서도 영웅적 전사자들을 숭배하는 최상의 전략 가운데 하나가 전몰자 묘지를 조성하는 것이었듯이,* 일본에서는 좀 더 두드러졌다. 전몰자들은 야스쿠니신사에서는 물론 각 가정과 마을 단위에서도 제사의 대상이 되었다. 전몰자 묘역은 대중에 개방적이며, 분위기도 그다지 음산하지 않게 만들어져있다. 설령 당사자의 유골이 없어도 공식적 묘석 혹은 묘비를 만들어 공동체적 혹은 사회적 기념의 성격을 부각시키기도 한다.** 이런 식으로 전쟁 희생자에 대한 기념 행위는 사회성을 획득해 나간다. '제사의 정치학'의 개념처럼, 이것을 '제사의 사회화' 혹은 '제사의

---

* 조지 L. 모스, 오윤성 옮김,『전사자 숭배』(문학동네, 2015), 97-117쪽.
** 이와타 시게노리,『일본 장례문화의 탄생』, 213-215쪽.

문화화'라 명명해 봄직하다. 제사를 통해 죽은 자의 영혼이 산 자의 통합에 영향을 끼치며 사회와 문화의 기틀을 형성한다는 점에서 그렇다.

그런 점에서 주변국의 비난에도 불구하고 총리가 야스쿠니신 사의 참배를 고집하기도 하는 것은 일본의 전통에서 보면 자연 스러운 일이다. 총리가 야스쿠니신사와 이세신궁에 참배하는 일은 메이지 시대부터 지속되어 온 '관행적인' 일인 데다가,[*] '종 교법인 신도'의 정식 의례가 아닌 개인의 약식 의례를 행하는 정 도라면 법제화된 정교분리 규정에도 어긋나지 않는다고 보기 때문이다. 신사참배를 통해 권력의 역사적 정당성을 확보하거 나 정치적 국면을 전환하려는 보수 정치인의 시도는 이른바 문 화화한—사실상 종교적인—제사를 통해 정치적 권력을 유지하 고 국가적 통합을 도모하려는 전형적인 정치적 행위이다. '종교 적인 정치 행위'이자 동시에 '정치적인 종교 행위'인 것이다.

이때 '정치적인 종교 행위'는 정치와 종교가 분리되어 직접적 으로 종교 언어를 구사할 수 없는 근대 국민국가 정치체제에서

---

[*] 역대 총리의 야스쿠니신사 및 이세신궁 참배 기록, 그리고 국회의원의 참배 기록은 國學院大學硏究開發推進センタ編, 『招魂と慰靈の系譜 - '靖國'の思想を問う』(東京: 錦正社, 平成25年), 172-198頁에 상세하게 도표로 정리되어 있다.

종종 볼 수 있는 현상이기도 하다. 현상이기도 하다. 법학자 칼 슈미트(Carl Schmitt)가 20세기 초에 주장했듯이, 근대 세속 국가가 스스로를 유지하는 방식도 대단히 종교적이다. 슈미트는 이렇게 말한 바 있다: "현대 국가론의 중요 개념은 모두 세속화된 신학 개념이다. 전능의 신이 만능의 입법자가 되었다... 현대 법치국가의 이념은 이신론(理神論)으로 지탱되어 왔기 때문이다."[*]

이때 신, 신학, 이신론 등은 좁은 의미의 기독교적 언어라고 할 수는 없지만, 현대 국가 체제가 이러한 '기독교적' 혹은 '종교적' 구조를 하고 있다는 사실은 잘 보여준다. 마찬가지로 일본의 경우, 불교나 기독교 같은 종단이 아닌, 관습이나 문화라는 이름으로 정당화된 국가신도 차원에서 보면 정치인의 신사참배는 '종교적인 정치 행위'이기도 하다. 종교의 범주와 형식이 다소 달라지기는 하지만, 천황제하의 일본에서는 근대 국민국가의 '정치적 종교 행위'는 물론 일본식 '종교적 정치 행위'도 일상화되어 온 셈이라고 할 수 있다.

---

[*] 칼 슈미트, 김항 옮김, 『정치신학』(그린비, 2010), 54쪽.

전쟁국가와 천황교

제사가 국가의 통치 수단이 되는 순간 그것은 외견상의 종교적 숭고함이나 순수한 정책과는 거리가 멀어진다. 제사라는 종교적 행위 속에 들어 있는 것은 기본적으로 정치다. 그 정치는 국가가 전쟁을 정당화하고 상대국을 배타하는 자기중심적 행위로 나타나기도 한다. 그래서 고야스는 국가가 제사를 지내는 것은 국가가 전쟁을 한다는 것과 동일하다고까지 말한다.

그에 의하면 "근대국가는 대외 전쟁을 수행할 수 있고 국민이 국가를 위해 죽을 수 있는 국가로서 성립된다. 그리고 국가는 국가를 위해 죽은 이를 국가의 영속을 지지하는 초석으로 떠받들어 제사지낸다." 이런 맥락에서 '근대 일본국가는 신도적인 제사를 지내 왔으며',* 그 제사의 대상이 이른바 '호국영령'이었다. '전쟁하는 국가란 영령을 만들어 내는 국가이며 영령을 제사하는 국가'라는 것이다. 이렇게 "국가는 자신을 위해서만 제사를 지낸다."**

이러한 일본의 제사 원리 속에 전쟁의 피해국인 한국이나 중

---

* 子安宣邦,『国家と祭祀 - 国家神道の現在』, 27頁.
** 子安宣邦,『国家と祭祀 - 国家神道の現在』, 192, 190頁.

국 등의 경우는 간과되어 있다. "일본인이 야스쿠니신사 참배라는 형식으로 전쟁을 기억하려는 것은 야스쿠니가 한국과 중국 사람들에게 고통의 기억일 뿐이라는 사실을 무시하는 처사가 아닐 수 없다. 타인의 고통을 망각하고 외면하면서 그저 자신의 국가와 민족의 영광만 지속되기를 바라는 마음이란 독선일 뿐이다." 그러면서 고야스는, 그것은 역사를 자기만의 것으로 보는 역사수정주의자들의 주장이라고 지적했다.[*]

그에 의하면, 일본 내 역사수정주의자들은 국가신도의 개념을 패전 후 점령군들이 만든 허상으로 보면서, 일본에 국가신도라는 것은 없었고, 일본은 "오로지 신의 큰 길[唯神大道]"을 걸어왔다는 입장을 지닌다. 신도는 로버트 벨라(Robert N. Bellah, 1927-2013)가 말하는 '시민종교' 혹은 '국민종교'로서의 역할을 해 왔다고 일본 역사수정주의자들은 주장한다.[**]

하지만 고야스에 의하면 '신의 큰 길'이라는 말 자체가 오히려 그들이 국가신도의 이념을 확인해 준 언어가 된다. 메이지 시대 이래의 신도는 아래로부터 자발적인 것이 아닌, 위로부터의 수

---

[*] 고야스 노부쿠니, 김석근 옮김, 『야스쿠니의 일본, 일본의 야스쿠니』(산해, 2005), 6쪽(한국어판 서문)
[**] 子安宣邦, 『国家と祭祀 - 国家神道の現在』, 21-23頁.

직적 정책으로서, 사실상 타율적으로 강화되어 왔다는 점에서 그렇다. 그것이 일본 신도에서 국가주의를 제외할 수 없는 이유다. 비록 국가신도라는 것이 '제도사적 연표상에서 더듬어 볼 수 있는 실체적 개념'은 아니지만[*], 일본 정치문화의 내용 속에 국가신도의 흐름은 여전히 진행 중이라고 할 수 있다.

당연한 말이거니와, 그 국가신도의 정점에 있는 것이 천황이다. 일본에서 천황은 늘 존재해 왔지만 비판은 물론 객관적 분석의 대상으로 삼기 어려울 만큼 현실과는 다른 차원의 존재처럼 간주되어 왔다. 이 책 Ⅱ장에서도 보았지만, 「대일본제국헌법」에 따르면, 천황은 권리는 다 가지고 책임은 완전히 면제되는 특별한 존재였다. 세계의 창조자이자 주재자이면서 악과 고통의 원인에 대한 물음에 대해서는 침묵하거나 소극적인 유일신 종교의 신과 비슷했다. 이런 식으로 사실상 천황의 신격화가 이루어졌고,[**] 국민은 외형적으로는 '천황교 신자'이자 '천황의 신민'이 되었다.

---

[*] 子安宣邦, 『国家と祭祀 - 国家神道の現在』, 26-27頁.

[**] 이토 나리히코, 강동완 옮김, 『일본 헌법 제9조를 통해서 본 또 하나의 일본』(행복한책읽기, 2005), 37-38쪽. 아마 도시마로, 『천황제국가 비판』, 77, 74頁 참조.

'천황교'의 이중성

이때 간과해서는 안 될 문제는 이러한 천황제가 일본 국민 개개인 안에 얼마나 내면화되었느냐였다. 근대 천황제는 국민이 어떤 형식이든 위로부터의 요구를 수용했기에 가능한 제도였다. 그러면서 국민이 천황제를 자신을 정당화하기 위해 이용한 측면이 있다는 사실도 중요하다.* 앞에서 본 야마모토 시치헤이의 입장에 함축되어 있기도 하거니와, 가령 군부의 경우 천황의 권위를 이용해 정복주의적 전쟁을 정당화했다면, 국민은 천황의 명령이라는 이유로 개인의 책임은 묻지 않은 채 전쟁의 원인과 고통스러운 결과와 그 책임을 내심 천황에게 돌리는 모양새를 취하기도 했다.

천황제는 일본인의 내면을 분열시켜 사태의 책임을 외부로 돌리게 하는 계기로도 작용했다고 할 수 있다. 천황제가 한편에서는 성공적이었으면서도, 일본인의 내면 깊숙한 곳까지 침투한 것은 아니었다는 뜻도 된다. 일본 국민 사이에서도 외적으로는 천황제의 질서를 수긍하면서도 속으로는 무관심하거나 무시

---

* 保阪正康,「國民が利用した'天皇制' - ある世代からの戰後風景」, 『宗教と現代がわかる本』(東京: 平凡社, 2009), 60-63頁.

하기도 하는, 천황에 대한 이중적 정서가 형성되기도 했다. 구
노 오사무(久野收, 1910-1999)에 의하면, 시간이 흐르면서 '천황 신
앙은 겉치레(立て前)화되면서, 겉태도와 속마음이 표리이체(表裏
二体)로 분리'되지 않을 수 없었다고 한다.* 천황에 대한 일본인
의 외적 태도와 내적 태도의 구분은 일본인의 '혼네(本音)'와 '다
테마에(立て前)'의 구분의 연장이면서도 동시에 그 구분의 근거
로도 작용했다는 것이다.

이런 모순은 어찌 보면 당연한 측면도 있다. 메이지 천황에게
모든 국민이 진심으로 동의했거나 근대적 천황제가 단박에 자
리를 잡고서 천황이 신격화된 것은 아니었다. 여기에는 갈등도
많았다. 가령 역사적으로 보면, 폐번치현(廢藩置縣, 봉건적인 바쿠
후 시대의 번을 폐지하고 전국을 부·현으로 일원화한 1871년의 중앙집
권적 개혁 조치)과 같은 메이지 정부의 중앙집권용 정책들 때문에
입지가 좁아진 지방의 무사들이 반정부 투쟁을 일으켰다가 패
배한 사례도 여럿이다. 가령 1874년에는 사가의 난(佐賀の乱)이
벌어졌고 1877년에는 일본 최후의 내전이라고 할 수 있는 세이
난 전쟁(西南戰爭)이 벌어졌다. 결국은 정부군이 승리했고, 세이

---

* 구노 오사무, 『일본 근대 사상사』, 116쪽.

일본에서는 메이지유신 직후 '사가의 난'(1874)을 필두로 '세이난 전쟁'(1877)에 이르기까지 각종 내전이 벌어졌다. 이런 반발은 어느 국민이든 정부 주도의 일방적 정책을 단기간에, 그것도 내적으로까지 체화시키기는 쉽지 않다는 사실을 의미한다. 그림은 「황국일신견문지」(皇国一新見聞誌, 1874)에 수록된 「사가의 사건」(佐賀の事件). 메이지 초기까지 활동했던 츠키오카 요시토시(月岡芳年, 1839-1982)의 풍속화(우키요에)다.

(東京都立図書館온라인자료실(https://ja.ukiyo-e.org/source/metro?start=7600) (Public Domain, https://commons.wikimedia.org/wiki/File:Saga_Rebellion.jpg))

난 전쟁 이후에는 참전 군인을 대상으로 근대 원호 제도의 시초인 '은급(恩給)'을 시행했다. 천황의 '은혜로운 지급'으로 국가적 통합을 이루려는 시도였다고 할 수 있다.

뒤집어 보면 각종 반발과 저항은 물론 은급 제도도 국민에게 정부의 일방적 정책을 정당화시키고 적용시킨다는 것이 얼마나 어려운지 잘 보여준다. 국민이 겉으로는 수용하는 모양새를 취하더라도 속으로는 얼마든지 다른 생각을 할 수 있기 때문이다.

외적으로는 국민 개개인이 자발적으로 천황제와 관련된 종교 문화적 행위를 수용하며 생활하는 것으로 되어 있지만, 사실상 그 자발성이라는 것이 위로부터의 억압감을 의도적으로 감내하는 형태와 관련되어 있다는 뜻이라고도 할 수 있다. 정치사상가 마루야마 마사오(丸山眞男)에 의하면, 일본인의 정신적 균형은 개인의 안과 밖의 조화를 통해서가 아니라, 밖의 일방적 수용을 통해서 유지되는 병리적인 것이었다.* 이에나가 사부로(家永三郎, 1913-2002)가 일본인들이 저마다 '인격적' 판단을 한다지만, 그

---

* 마루야마는 일찍이 "초국가주의의 논리와 심리"(1946)에서 천황제 국가 체계 하의 일본은 "상위자가 하위자에게 순차적으로, 권위를 방패삼아 자의적인 폭력을 행사해야 '정신적 균형'이 유지되는 일본 집단의 병리가 드러난다"고 규정한 바 있다.(고야스 노부쿠니, 김석근 옮김, 『일본근대사상비판; 국가, 전쟁, 지식인』(역사비평사, 2007), 213쪽 참조.

정치사상가 마루야마 마사오(丸山眞男, 1914-1996)는 중앙집권화한 정치와 그로 인한 집단주의에서 일종의 병리 현상을 읽어 내고 일본이 침략 전쟁을 일으키는 데까지 이른 원인을 일본 근대사와 서양 사상사에 비추어 비판적으로 성찰했다. 군국주의적 성향을 극복하지 못하던 전후 일본 지성계의 균형을 잡아 주는 데 적지 않게 기여했다. 그의 주저인 『日本の思想』은 1961년 출간된 이래 딱딱한 학술서임에도 불구하고 100만 권 이상 판매되었다.
(Public Domain, https://commons.wikimedia.org/wiki/File:Maruyama_Masao_1950.jpg)

'인격적' 판단이라는 것이 실상은 작은 인격들에 대한 '비인격적 지배' 메커니즘 안에서 이루어지는 것이었다고 말한 것과도 같은 맥락이라고 할 수 있다.*

　메이지유신은 외형적으로는 신도적 원형으로의 '복고(restoration)'를 추진했던 것으로 되어 있지만, 야스마루 요시오

---

* 이에나가 사부로 엮음, 연구공간수유+너머'일본근대사상팀 옮김, 『근대 일본 사상사』(소명출판, 2006), 335-336쪽.

(安丸良夫, 1934-2016)의 비판에 의거해 실제로 "민중의 정신세계의 실태를 보면 복고도 정통도 결코 아니고, 민중의 정신세계를 결코 이해하지 못함으로써 억지로 새로운 종교 체계를 강요한 것이었다."[*] "만세일계의 천황이 통치한다."라는 천황제의 원리가 국민들의 심층적 경험의 차원에까지는 도달하지 못했으며, 그곳에서 일본적 병리 현상이 생겨났다는 것이다.

조상숭배와 같은 '종교적' 행위를 습관적으로 하면서도 스스로를 '무종교'라고 자연스럽게 규정하는 현대 일본인의 생활 방식도 한편에서 보면 이러한 흐름의 연장이라고 할 수 있다. 더 나아가면 이것은 전쟁으로 주변국에 입힌 막대한 피해를 공식적으로, 나아가 진심으로 사과하고 반성하지 못하는 태도와도 관련되어 있다. 사실상 강요된 종교적 정치 체계로 인해, 전쟁에 대해 개인이 내적으로 성찰할 수는 있지만, 그것을 공적 차원에서 외면화하여 나타내는 훈련은 제대로 해 보지 못했던 것이다. 이런 것들은 제사의 정책적 문화화를 통해 천황제를 일방적으로 강화시켜 온 근대 일본의 '종교적 정치' 혹은 '정치적 종교' 정책이 산출해 놓은 모순이라고 할 수 있다.

---

[*] 야스마루 요시오, 『천황제 국가의 성립과 종교변혁』, 222쪽.

V.

오오야케(公)와
와타쿠시(私)
: 일본 너머는 공(空)하다

"예컨대 어느 교사에게는 자신이 속한 초등학교가 '오오야케'의 장이 되지만, 초등학교를 대표하는 교장에게는 그 외부의 마을이나 읍이 '오오야케'가 되고 자신의 초등학교는 그에 반해 '와타쿠시' 영역이 된다. 또한 마을이나 읍에 대해서는 그 외부의 현(縣)이 '오오야케' 영역이 되고 그에 반해 자기 마을이나 읍은 '와타쿠시' 영역이 된다. … 만약 마을과 마을 사이의 다툼이 결말이 나지 않으면 그것을 조절할 수 있는 것은 결국 그 마을을 넘어선 현(縣)의 '오오야케'의 입장일 것이다. … 현과 현의 경우에도 비슷한 일이 있을 것이다. 그리하여 마지막에는 국가에 이르게 되는데, 국가와 국가의 다툼과 관련해서는 일본의 '오오야케=공'의 구조에서는 그것을 넘어선 좀 더 큰 '오오야케=공'의 영역이라는 것은 상정되어 있지 않다. 즉, 조정자가 존재하지 않는다. 조정자가 존재한다면 보편 절대의 공평한 '천지의 공도'라는 것이 있고, 또 그 '천지의 공도'가 모든 국가에서 준수된다는 전제가 공유되고 있지 않으면 안 된다. 하지만 그와 같은 것은 존재하지 않으며, 그런 것에 의지하는 것은 '세상 물정에 어둡기 이를 데 없는 일'이라고 후쿠자와는 말했다. … 그럴 경우에 국민은 국가라는 '오오야케=공'을 위해 진력하는 것, 즉 오로지 국가의 자기주장을 실현시키기 위해 진력하는 길 이외에는 아무런 선택지도 부여받지 못한다. 설령 그것이 다른 나라를 침략하는 행위라 하더라도 그 옳고 그름을 가리는 논리가 영역적인 '오오야케=공' 속에서는 나오지 않는다. 제2차 세계대전 때 일본 국민을 몰아붙인 멸사봉공(滅私奉公)의 비극은 무엇보다 일본의 '오오야케=공'의 이러한 몰원리적인 특성에서 유래하는 것이었다."(미조구치 유조, 고희탁 옮김, 『한 단어 사전, 公私』, 푸른역사, 2012, 71-73쪽.)

공(公)과 사(私)라는 것

메이지 시대의 그늘을 다른 각도에서 잘 보여주는 주제가 일본의 공·사관(公·私觀)이다. 일반적으로 공적 영역의 성격 혹은 공공성(公共性)에 관한 논의는 다양하게 전개되고 있지만, 여기서는 사(私)가 이기적 자유주의나 집단적 전체주의에 함몰되지 않고 타자와의 수평적 관계 맺음을 통해 건강한 공(公)의 영역을 확보해 가는 과정과 내용을 의미하는 것으로 사용한다. 개인적 사(私)의 무한 경쟁에 함몰되지 않고, 개인을 무시한 집단적 공(公)을 경계하면서, 사(私)와 공(公)의 새로운 관계성을 정립시키고자 할 때 요청되는 자세이기도 하다.*

---

* 이찬수, "동학과 교토학파의 공공(公共) 논리", 『조선조후기 한국의 실학사상과 민족종교 운동의 공공성 연구』(글로벌시대 한국적 가치와 문명 연구 한일국제학술대

전술한 대로 김태창은 이러한 자세와 내용을 '활사개공(活私開公)'이라는 말로 요약한 바 있다. 개인을 살리면서[活私] 공적 영역을 열어 가는[開公] 자세를 의미한다. 개인과 사회가 모두 사는 모습으로 나타나야 한다는 것이다. 그러면서 활사개공을 다음과 같이 푼다.

'사'(의 존재 · 가치 · 존엄)를 '소멸'[滅, 억압 · 희생 · 부정]시키는 것이 아니라 살림[活, 인정 · 존중 · 발전]으로써 '공'(국가 · 정부 · 체제)을 국민 · 시민 · 생활자에게 '열'(開, 응답 · 책임 · 배려)리게 하는 것입니다. 그리고 '공'과 '사'의 사이에서 양쪽을 함께 매개(=共媒)하는 작용으로, 공공을 동사적으로 파악하는 것입니다. … 그로부터 새로운 차원이 열리는(=開新) 과정을 '공공'(하는) 내용으로 이해합니다.*

공이 사를 살리고[活] 사는 공을 열어 주는[開] '동적' 작용이 '공공(公共)'이라는 것이다. 김태창은 공공(公共)을 사와 공의 상호

회 자료집, 2012.11.29.), 192-194쪽 및 이 글의 일본어판 보완문인 李贊洙, "「侍」と「媒介」: 東学と京都学派の公共論理", 中央学術研究所, 『中央学術研究所紀要』(第42号, 2013.11.15.), 21-24頁.
* 김태창 편저, 조성환 옮김, 『상생과 화해의 공공철학』(동방의 빛, 2010), 75-76쪽.

매개를 통한 상생(相生)으로 본다. 사 없는 공은 집단적 전체주의에 빠지게 되고, 공 없는 사는 이기적 자유주의에 빠지게 된다는 것이다. 물론 이런 식의 공공성 규정은 다소 이상적이고 관념적이다. 실제로 이런 식의 공공성이 현실화되어 본 적은 없다는 점에서 그것은 희망이고 목적에 가깝다. 인류의 경험은 공(公)에 압도되든 사(私)를 내세우든 늘 어느 한쪽이 우세했다.

시대를 거슬러 올라갈수록 대체로 사보다는 공 개념이 강했다. 수직적 신분 사회일수록 사(私)의 영역이라는 것은 무력했다. 사의 영역은 주로 공에 종속적이었다. 이것은 일본의 역사에서도 더 잘 확인된다.

가령 미조구치 유조(溝口雄三, 1932-2010)가 일본과 중국 고전에서의 공(公)의 용례를 종합한 바에 따르면, 공(公)은 어떤 집단의 '수장(首長)'과 그가 다스리는 '공동체'의 의미로 쓰였다. '수장성(首長性)'과 그 수장의 통치하에 있는 '공동성(共同性)'을 의미한다는 것이다.* 수직적 신분 사회를 전제로 하고 본다면, 전통적인 의미에서의 공공성(公共性)은 수장의 통치하에서 모든 이에게

---

* 미조구치 유조, 고희탁 옮김, 『한 단어 사전, 公私』(푸른역사, 2012), 12-41쪽.(溝口雄三, 『一語の辭典 : 公私』, 三省堂, 1996.) 이 글은 미조구치의 책의 번역자의 정리를 인용한 것이다.

통하는 어떤 물건이나 상태를 의미한다고 할 수 있다.

'와타쿠시(私)'와 '혼네(本音)'

세부적으로 들어가면 중국식 공(公)과 일본식 공(公)의 구조와 내용이 다소 다르다. 미조구치는 중국어의 공사(公私)에 대응하는 일본적 개념으로 오오야케(公) · 와타쿠시(私)가 거론되지만, 실질적인 의미는 다르다고 설명했다.

중국의 공에는 공동체의 대표성이라는 의미와 함께 '천(天)'의 초월성을 기반으로 최고 권력자를 견제하거나 비판하는 상대화 가능성과 '평분'이나 반(反)이기주의, 공평과 같은 도덕적 규범이 원리적으로 내포되어 있다. 이를 저자(미조구치)는 '원리적 공'이라고 부른다. 그에 반해 일본의 '오오야케 · 와다쿠시'는 천황을 정점으로 그때그때의 상위자나 상위 영역이 하위자나 하위 영역을 포섭하는 구조를 띠고 있어, 천황과 일본이라는 틀을 뛰어넘어 이를 상대화할 수 있는 존재나 원리가 존재할 수 없다. 이를 중국의 '공'과 대비해 '영역적 공'이라 부르고, 그 바탕에는 최상위 영역인 천황과 국가가 모든 권위를 독점하고 그에 대한 견제와 비판을 허용하지 않는 사회의식 및 정치의식이 있다고 본다. ··· 최고 권력자나 국가를 상대화할 수 있는 중국의 '원리적 공'이 일본 사회에 정착하기 어려웠다.[*]

요지인즉, 중국식 공·사(公·私)와 달리 일본어 '오오야케(公)·와타쿠시(私)'에서 이들은 대등하게 사용되는 언어가 아니라는 것이다. 오오야케(公)·와타쿠시(私)라고 하지만, 그곳에 '와다쿠시(私)'는 사실상 없다는 것이다. 미조구치에 따르면, 일본에서의 '와타쿠시', 즉 사(私)는 "지방 수장층의 오오야케적 질서 관념을 단순하게 전 국가적으로 확대한 '공'에 포섭된 '사'이다. ··· '공'의 하위자로서 '공'에 종속되는 것을 전제로 해 그 존립을 허용받은 '사'이다."[**] '와타쿠시' 개념은 '공에 종속적이며, 그 때문에 은밀함·개인적·내밀한 일 등을 속성으로 하고' 있다는 것이다.

반대로 '공(公)'으로 표현되는 '오오야케'는 와다쿠시에 비해 '공연성(公然性), 와다쿠시에 대한 우월성, 와다쿠시에 대한 소여(所與)적·선험적 존재성 등의 특이성'이 있다고 한다. '사'가 '공의 하위 영역에서 공에 종속되면서 그 영역을 허가받은 사'

---

[*] 미조구치 유조, 『한 단어 사전, 公私』, 옮긴이의 글, 127-128쪽.
[**] 미조구치 유조, 『한 단어 사전, 公私』, 45쪽.

라면,* "'공·공공'은 일부의 극소수의 예외를 제외하고는, 모두 '사'가 간여할 수 없는, 혹은 '사'의 권리를 주장할 수 없는 '사' 이외의 영역을 가리킨다."**

다시 요약하자면, 일본에서 '공공'의 영역은 '사'의 자기 은폐를 통해 드러나고 또 드러내야 하는 세계인 데 반해, '사'는 한정되고 감추어져야 하는 내밀한 영역이 된다. 미조구치에 의하면, 메이지 시대의 대표적인 계몽 사상가인 후쿠자와 유키치(福澤諭吉, 1835-1901)가 사용한 공(公)의 용례에서도 이러한 모습이 잘 드러난다. 미조구치가 정리한 후쿠자와 유키치의 공(公, 오오야케)과 사(私, 와타쿠시)의 개념을 살펴보자.

여기(후쿠자와 문집)서는 집의 문지방 안쪽을 '사'로 보는 반면에 문밖으로 한 걸음 나간 세간의 일은 모두 '공·공공'의 것으로 간주된다. 그 세간의 '공'은 최대의 공으로서 국가 영역, 최고의 공으로서는 천황에까지 이르러 끝나는 것인데, 이와 같이 '사'의 영역에서 한 걸음 내디딘 바깥의 세계를 모두 '오오야케=공'의 영역으로 보고 최대는 조정·국가, 최고는 천황에 이르

*   미조구치 유조, 『한 단어 사전, 公私』, 47-48쪽.
**   미조구치 유조, 『한 단어 사전, 公私』, 96쪽.

러 끝나는 '오오야케=공'의 특성이 알기 쉽게 나타나 있다. …
그렇다면 '와타쿠시'의 세계는 결국 존재하지 않느냐면 그렇
지 않다. '오오야케'의 관계에 참가하고 협력하며 그곳에서의
역할을 수행하고 있는 한 문지방 안쪽의 '와타쿠시' 영역은 결
코 간섭받는 일이 없다. 또한 남에게 알리고 싶지 않은 내밀한
일, 외부에 드러난 것과는 다른 '속마음[本音]'의 세계, 일반에게
알려지게 되면 형편이 좋지 않은 개인적인 영역이 누구에게나
있다는 것은 실은 전체 안에서 은연중에 공인된 것이다. 은연
중에 공인되었다는 것은 논리적 모순이라고 할 수밖에 없지만
'와타쿠시'의 영역은 그렇게밖에 말할 수 없는 것이다.*

   주로 메이지 시대에 활동한 후쿠자와의 해석에 따르면, 문지
방 안과 밖을 경계로 '공'과 '사'의 영역이 비교적 분명하게 구분
된다는 것이다. 그렇다고해서 그 영역과 경계가 절대적으로 확
정되어 있는 것은 아니다. '오오야케(공)'도 좀 더 큰 영역에 대해
서는 '와타쿠시(사)'가 되기 때문이다. 공과 사는 상대적이고 중
층적인 것이다. 예를 들면, 이 장의 앞에서 인용했듯이, "예컨대

---

* 미조구치 유조, 『한 단어 사전, 公私』, 50-51쪽.

어느 교사에게는 자신이 속한 초등학교가 '오오야케'의 장이 되지만, 초등학교를 대표하는 교장에게는 그 외부의 마을이나 읍이 '오오야케'가 되고 자신의 초등학교는 그에 반해 '와타쿠시' 영역이 된다. 또한 마을이나 읍의 입장에서는 그 외부의 현(縣)이 '오오야케' 영역이 되고 그에 반해 자기 마을이나 읍은 '와타쿠시' 영역이 된다."*

이런 식으로 상위의 지점을 찾아 끝까지 가 보면 어찌 될까? 최후의 '오오야케'를 만날 수 있을 것 같지만, 일본의 경우 그렇지 않다. 이번 장 앞부분에 인용했듯이, 국가를 넘어서는 지점에 대해서는 일본인이 합의할 수 있을 공적 영역을 찾기가 힘들다. 국가 단위의 갈등과 다툼을 조정할 최후의 오오야케는 모호하다. 중국이나 한국의 역사에서 보편적 양심의 근거나 암묵적 판단의 기준처럼 작용하던 '하늘' 혹은 '천지의 도리' 같은 개념이 상대적으로 약하다. 제국주의 시절 일본이 전쟁을 막지 못했던 것도 국가의 밖과 너머에서 벌어지는 일에 대한 내부적 합의 지점, 와타쿠시(私)가 동의할 만한 최후의 오오야케(公)가 천황너머에는 없었기 때문이라는 것이다.**

* 미조구치 유조, 『한 단어 사전, 公私』, 71쪽.
** 다하라 시로(田原嗣郎), "일본의 '공·사'", 미조구치 유조, 정태섭·김용천 옮김, 『중국

'멸사봉공'으로서의 공공성

일본에서의 '사'는 이런 식으로 국가 내부적이었고 '공'에 종속적이었으며 '공'은 '사'에 대해 우월했다. '공'은 '사'의 은폐 또는 희생에 의해 드러나고 또 그렇게 드러내야 하는 영역이었다. 그런 점에서 일본적 공공성은 '멸사봉공'적 공공성에 가까웠다.

이때의 멸사봉공은 한편에서는 사적 영역을 주체적으로 '희생해서' 얻어지는 공적 세계이기도 하지만, 다른 한편에서는 사적 영역을 '희생할 수밖에 없도록' 구조화되어 있는 데서 나오는 공공성, 즉 멸사봉공적 공공성이라고도 할 수 있다. 전술한 대로 이에나가 사부로(家永三郎)가 일본인들이 저마다 '인격적' 판단을 한다지만, 그 '인격적' 판단이라는 것이 실상은 작은 인격들에 대한 '비인격적 지배' 메커니즘 안에서 이루어지는 것이었다고 말한 것과도 같은 맥락이다.*

철학자 사쿠타 케이이치(作田啓一, 1922-2016)가 집단 구성의 원리를 '자격에 의한 집단'과 '장(場)에 의한 집단'으로 나누면서 일

의 공과 사』(신서원, 2006), 105-106쪽 참조.
* 이에나가 사부로 엮음, 연구공간 '수유+너머' 일본근대사상팀 옮김, 『근대 일본 사상사』(소명출판, 2006), 335-336쪽.

본인은 자신을 소개할 때 기자나 카메라맨 같은 개인적 '자격'보다는 텔레비전회사처럼 자신이 소속된 '장'으로 소개한다고 설명하는 것에서도* '사'보다는 '공'을 앞세워 온 오랜 분위기가 잘 반영되어 있다.

나카무라 하지메(中村元)가 분석했듯이, 일본은 오랜 과거부터 국가주의적 성향이 강했지만,** 특히 메이지 시대에 신도를 국가적 정책 속에 융합시켜 천황 중심의 '국체(国体)'를 확립시켜 가는 과정은 멸사봉공적 공공성을 잘 보여준다. 메이지 시대 이래 일본 국민에게는 국가라는 '오오야케'를 위해 진력해야 하는 멸사봉공적 자세가 강력했던 탓에 각종 전쟁까지 벌이게 되었다는 것이다. "'사'가 일본에서는 문지방 안의 자가(自家)의 세계(집·가정·자신)로서 그 영역을 인정받고 있었던 만큼 그것을 '없앤다'는 것은 '사'에게는 비극적인 일이었지만, 국민은 '국가=공'을 위해 가족이라는 '사'의 영역을 버렸으며, 자신의 재산과 생명이라는 '사'의 영역을 버리고 전쟁에 종사했던 것이다."*** 가령 구바타 히로시(草場弘)는 1938년도 작품인『수험수신과강좌(受驗修身課

---

* 사쿠타 케이이치, 김석근 옮김,『한 단어 사전, 個人』(푸른역사, 2012), 19쪽.(作田啓一,『一語の辭典 : 個人』, 三省堂, 1996.)
** 中村元, 金知見 譯,『日本人의 思惟方法』(김영사, 1982), 106-122쪽 참조.
*** 미조구치 유조,『한단어 사전, 공사』, 73쪽.

講座)』에서 일본 국민의 정신을 다음과 같이 표현한다.

우리의 국민정신을 파악하려고 할 때, 우리들은 자기봉공(自己
捧供, 자기를 바친다)이라는 표현을 가지고서야 겨우 그것을 나타
낼 수 있지 않을까 싶다. 그것은 최상되는 것(上なるもの), 오오
야케되는 것(公なるもの), 근본되는 것(本なるもの)에 이 한 몸(一
個の自分)을 진력해 바치는 정신이다. 봉공의 정신, 황운부익(皇
運扶翼)의 정신, '와타쿠시(私)를 뒤로 하고 오오야케(公)로 향하
는' 정신, '와타쿠시를 부려서 오오야케에 목숨바치는' 정신이
다. 옛사람이 '대군 곁에서 죽어도 돌아보는 일은 없으리'(大君
のへにこそ死なめかえりみはせじ)라며 노래하던 정신이다.*

20세기 전반 일본에서의 공(公)은 '멸사(滅私)적'으로 얻어지는
것이었다는 뜻이다. 국가주의적 성향의 윤리학자 와쓰지 데쓰
로(和辻哲郎, 1889-1960)의 다음과 같은 말에서도 이런 식의 '공'과
'사'의 관계를 볼 수 있다.

---

* 高橋哲哉, 『国家と犠牲』(東京: NHKブックス, 2005), 44-45頁에서 인용.

공동체가 '사'의 초극에서 실현됨과 동시에 그 자체가 사적 성격을 띠는 것은 첫 단계일수록 현저하고 공동체가 커짐에 따라 희박해진다.

개인으로서의 인격은 일체의 사(私)를 버림으로써 성스러운 것으로서의 민족의 전체성에 귀일한다. '사'를 버리는 것[去]은 개성을 무시하는 것[沒]이 아니다. 정신공동체의 일원인 이상 인격은 어디까지나 개성적이어야 하지만, 그럼에도 불구하고 개성적인 것이 전일(全一)이 되는 것은 바로 '사'를 버리기 때문이다.

와쓰지에 의하면, '전체'는 '사'를 버림으로써 성립된다. 활사(活私)보다는 멸사(滅私)가 국가적 전체성의 근간이 된다는 것이다. 후쿠자와의 사상에서도 확인된 바 있듯이, 국가를 최대의 영역으로, 천황을 최고의 지점으로 간주하던 일본의 공(公) 관념 속에서 그 최대와 최고의 영역은 사적 구성원을 은폐시킴으로써 긍정되는 구조였던 것이다.

이렇게 국가 '너머'에서는 더 이상 보편적인 원리를 발견하지 못했던 일본적 정신은 당대의 수준급 사상가들에게도 잘 볼 수 있다. 가령 근대적인 의미의 일본 최초의 철학자라 할 만한 니시다 기타로(西田幾多郎)도 참혹한 전쟁까지 벌였던 일본 제국주의적 정책은 물론 그 정점에 있는 천황가를 긍정하거나 존중하는 수준에 머물렀다. 그도 일본적 공(公) 개념의 정점을 황실에서 찾았다. 황실과의 합일이 일본의 국체(国体)라고 그는 말했다.

우리나라의 국체에서는 황실이 세계의 시작이고 끝이다. 황실이 과거와 미래를 포함하고 절대 현재의 자기 한정이며, 모든 것이 황실을 중심으로서 생성 발전한다고 말하는 것이 우리 국체의 정화(精華)이다.*

니시다는 그 논리적 명민함과는 어울리지 않게 구미 세계를 향해 벌인 전쟁의 피해자인 한국이나 중국 등 주변국은 염두에 두지 않은 채, 일본인 전쟁 희생자만 의식한 모순적인 철학을 이어 가기도 했다. 그가 원칙적으로 파괴적 전쟁 자체를 찬양했던 것은 아니지만, 그의 세계 설명 이론은 결과적으로 일본의 역사만을 긍정하는 수준에 머물고 말았고, 일본이 제국주의적 야심을 가지고 합류한 제2차 세계대전과 그 정점에 있는 천황가를 칭송하는 한계를 보여주었다.**(이에 대해서는 다음 장에서 좀

---

* 『西田幾多郎全集 第十二券』, 409쪽.
** 이것은 교토학파라는 이름으로 제자들에게도 전승되어, 일본 사상계에서는 교토학

더 구체적으로 살펴보겠다.)

　물론 이런 문제는 6.25전쟁으로 남북한의 수많은 동포가 죽어나가고 한국의 베트남전 참전으로 애꿎은 베트남 국민이 희생당했어도 당시 한국의 사상가들은 물론 종교인 조차도 북한이나 베트남 희생자의 영혼까지 위로하지 못했던 데서도 고스란히 드러난다. 나아가 전쟁시기 여느 나라에서도 볼 수 있는 현상이다. 니시다나 일본 사상가들 개인만의 문제는 아니라는 뜻이다.

　"전쟁의 희생자를 '영령(英靈)'으로서 국가가 받들려고 할 때 그 배후에서 다시 '영령'이라는 이름의 전쟁 희생자가 만들어지지 않을 수 없는 상황"*에 대해 비판하는 일은 국가의 정치적 이념이 주류인 상황에서는 누구에게나 어렵다. 그 마당에 개별 국가를 넘어서는 보편적 공(公) 개념을 지니지 못한 채 '멸사'를 최고의 덕목처럼 간주해 온 기존 일본의 국가 지상주의적 상황에

파를 "제2차 세계대전 시기에 니시다의 학통을 계승하고 같은 학과에 재직하며 전쟁에 대해서 적극적인 의미를 부여한 고사카, 고야마, 니시타니를 가리켜 사용한다"며, 전쟁 관련성을 중심으로 정의하는 경향마저 생겼다.(田中久文, "京都學派" 『日本思想史辭典』, 스에키 후미히코, 이태승 외 옮김, 『근대 일본과 불교』, 그린비, 2009).

* 　오에 시노부(大江志乃夫), 양현혜 외 옮김, 『야스쿠니신사(靖國神社)』(소화, 2002), 171쪽.

비추어 보면, 이것은 자연스러운 귀결일지도 모른다.

조화를 일치로 이해하다

사실 멸사봉공(滅私奉公)은 일본 역사를 관통하는 중요한 덕목이기도 하다. 가령 불교적 세계관에 입각해 '화(和)'를 강조했던 일본 최초의 성문헌법인 쇼토쿠태자(聖德太子)의 「십칠조헌법」(604)에서도 불교의 무아(無我) 사상을 멸사적 '화'와 동일시한다. "사(私)를 등지고 공(公)을 향하는 것[背私向公]이 신하의 도리이다."(「십칠조헌법」 제15조) 불교적 정신은 '멸사봉공'에 있다는 것이다: "멸사봉공(滅私奉公)이야말로 불교정신이고, 무아가 곧 멸사다."* 라는 규정에서 알 수 있듯이, 옛 일본에서 '화(和)'는 개인을 버려 전체로 나아가는 자세였다. 이어서 "사(私)가 있으면 한(恨)이 생기고 한(憾)이 있으면 같아질 수 없고 같아지지 않으면 사(私)로 인해 공을 방해한다[凡夫人有私必有恨, 有憾必非同, 非同則以私妨公]."라고 선포한 데서 알 수 있듯이, 전반적으로 '화(和)'가 타자를 긍정하는 조화보다는 공(公)을 드러내기 위한 '일치'에

---

* 稲垣久和 外 編, 『公共哲學16-宗教から考える公共性』(東京: 東京大学出版会, 2006), 405-406頁.

쇼토쿠태자(聖德太子, 574-622) 초상이 새겨져 있는 일본 화폐들. 1930년에 100엔권 화폐에 등장한 이후 5000엔권을 거쳐 1만엔권에 이르기까지 쇼토쿠태자의 초상은 일본 화폐에 일곱 차례에 걸쳐 실렸다. 그만큼 일본 역사와 문화에 영향력이 큰 인물이라는 뜻이다. 쇼토쿠는 백제에서 전래된 불교적 가르침을 숭상하면서 일본적 정신의 근간인 '화(와·和)'의 가치와 의미를 강조하고 일본 최초로 성문헌법을 반포했다.

가까웠다.

그러한 흐름 속에서 일본에서는 오랫동안 '조화[和]'라는 이름의 '일치[同]'에 익숙했고, 국가는 개인의 자기부정을 담보로 당당하게 존재하는 구조가 오랫동안 유지되었던 것이다. 그런 점에서 '조화'나 '평화'를 의미하는 일반 용법과는 달리 일본에서의 '화'는 사실상 공(公)을 위한 '일치'의 자세에 가까운 말이다. 일본에서는 오랫동안 '화(和)'라는 이름의 '동(同)'에 익숙했고, 국가는 개인의 자기부정을 담보로 당당하게 존재하는 구조가 유지되어 왔던 것이다. 이와 관련하여 김태창은 이렇게 정리했다.

일본에서 중시되어 온 조화[和]는 "한 그룹 '내'에서의 동화·동호·동행과 외부인의 배척 이외에는 아무것도 아닙니다. 자기와 타자 '사이'에서 함께·서로·상대를 중시하는 상화(相和)와는 전혀 다릅니다." "종래의 일본적 '화'는 실로 '동'(同)이었다는 사실입니다. … 과거에 '화'가 '동'으로 변질되었기 때문에 폭력적인 동화·강제로서의 침략 전쟁으로 나아갔는데, 바로 여기서 커다란 참극이 생겨난 것입니다.*

* 김태창 편저, 앞의 책, 53, 97-98쪽.

이런 정서가 전쟁이라는 국가적 중대사 앞에서는 '화(和)'라는 이름으로 개인은 감춰지고, 국가 이데올로기만 전면에 등장하게 되는 모양새로 나타나게 되는 것이다. 일본에서는 화(和)가 상생적(相生的)이기보다는, 한쪽의 희생을 전제한 멸사적(滅私的)인 성향이 있어 온 것이다.

전술했듯이 마루야마 마사오가 "일본에서의 정신적 균형은 개인의 안과 밖의 조화를 통해서가 아니라, 밖의 일방적 수용을 통해서 유지되는 병리적인 것이었다."라고 규정했던 것도 아래로부터의 활사(活私)라기보다는 구조적인 멸사(滅私)에 의한 봉공적(奉公的) 일치를 공(公)의 영역으로 삼아 온 일본적 모습을 잘 진단한 것으로 보인다. 그런 점에서 멸사봉공적 공공성에서 활사개공적 공공성으로의 전환에 대해 말하는 김태창의 입장은 되새겨 볼 만한 가치가 있다.

일본어의 '와타쿠시'—이것의 한자어 표기는 '私'입니다—는 '오오야케'—이것의 한자어 표기는 '公'으로 '큰 집'을 의미하며 천황을 정점으로 하는 관(官)의 세계를 뜻합니다—에 의해서/ 그 안에서/그 아래서 인정되는 장소·공간·영역 또는 거기에 속하는 것을 뜻합니다. 그것은 주체라기보다는 객체입니다. 주체로서의 위상은 가능한 한 줄이는 것이 좋다고 여겨지는 존

재입니다. 제가 제안한 '활사개공'—과거의 '멸사봉공'이나 '멸
공봉사'의 이원 대립적 사고의 한계를 뛰어넘기 위한 대안—의
'활사'는 생명으로 (태어)나고 생명을 낳고 기르는 주체 · 당사
자 · 타자의 '나'를 살리게 함으로써 자기의 '나'도 살게 된다는
것입니다. 즉 '나'와 '나'가 함께 · 서로 · 두루 살리고 산다는 것
입니다.*

　패전 이후 20세기 후반으로 접어들면서, 사자의 혼령에 대한
제사를 국가적으로 확대해 국체를 확립하고 담론상의 전사자
제사를 통치 이념으로 삼으면서 전체주의적 분위기를 강화시켜
오던 저간의 분위기는 다소 약해졌다. 그렇다고 오늘까지 완전
히 사라진 것도 아니다. 여전히 '국가'라는 전체를 넘어서지 못
하고 있거나, 나카무라 하지메(中村元)의 말처럼, '선과 악의 구
별도 전체의 신성한 권위에 귀의하는가 아닌가'에 두고 있을 정
도로 '천황에 대한 순종과 불순종'을 공적 태도의 기준으로 삼아
오는 경향도 일부 지속되고 있다. 호국영령을 제사하고 전쟁을
정당화해 오면서 전쟁을 제어할 수 있는 인류 보편 보편적 도리

*　김태창 · 박재순, "함석헌의 생명철학과 공공철학은 어디에서 만나는가?", 씨올사상
　연구소편, 『씨올 철학과 공공철학의 대화』(나녹, 2010), 45쪽.

에 대한 상상이 상대적으로 취약했던 일본에서 활사개공적(活私開公的) 공공성 담론이 더욱 확산되어야 할 필요성도 여기에 있다고 하겠다.

나아가 한국인의 입장에서는 일본적인 '공과 사'를 '옳다 그르다'의 관점에서 보면 대화의 접점을 찾기도 꼬인 한일 관계를 해소하기도 힘들어진다. 일본은 천황 너머의 '하늘'이나 구체적 사물의 세계에 두루 통하는 '천지의 도리'와 같은 초월적이고 보편적인 세계에 대한 암묵적 합의 지점이 상대적으로 희미하다. 전술한대로 강력한 천황제하에서는 천황 외에는 국가 너머에서 벌어진 거대한 사건에 대한 국민적 판단 근거를 확보하기도, 잘잘못을 따지거나 사과해야 할 주체를 특정하기도 애매했다. 이러한 저간의 사회문화적 상황에 대한 적극적 이해가 필요하다. 그렇게 이해하고 나서야 꼬인 관계를 풀 근본적 대안은 무엇인지도 좀 더 잘 와닿을 것이기 때문이다.

V. 오오야케(公)와 와타쿠시(私)

VI.
불교와 천황제
: 불교는 어떻게 국가주의에 기여했나

"지난 쇼와19년(1944년-필자) 여름에는 우리 국운이 점점 기울고 국력은 더더욱 쇠하여, 외적이 침격내습(侵擊來襲)할 날이 임박했음을 알리고 있는데도 불구하고, 국정은 정체되고 당국이 하는 바는 정세에 전혀 맞지 않았다. 필요한 혁신을 단행하고 광란을 되돌리는 데 무력한 정부는 오히려 그 책임을 은폐하기 위하여 진실을 숨기고 국민에게 알리지 않으며, 그 정책 시설에 대한 일체의 비평을 봉쇄하고, 단지 정부를 찬양하고 선전을 권장하는 자를 제하고는 모든 언론을 금지하니, 우익 이외의 사상에 대한 억압은 대단히 가혹해졌다. … 나도 물론 일반 국민이 느끼는 고뇌를 같이 맛본 데다가, 사상에 종사하는 자로서 특별한 고뇌를 경험해야만 했다. 한편에 있어서는 적어도 철학을 배우고 사상을 가지고 국가에 보답해야 할 몸인 이상, 현재의 정부가 꺼리고 싫어하는 바에 저촉된다고 하더라도, 국가의 사상 학문에 관한 정책에 대해 직언을 해서 정부를 반성하게 해야 하시 않겠는가. 이제 단 하루의 유예도 허락하지 않는 이 위급한 시기에 국정의 개혁[釐革]에 대해 만에라도 말하지 않고 그저 침묵하는 것은 국가에 대한 불충실은 아닐까 하는 염려와, 다른 한편에서는, 평상시라면 당연했을 행동도 전시에 적 앞에서 국내 사상의 분열을 폭로할 염

려도 있는 이상은 해서는 안 되는 것 아닌가 하는 자제심 사이에 끼여, 이도 저도 결정하지 못해 괴로웠다. … 쇼와20년(1945.10.)"(田辺元, 『懺悔道としての哲学』(序文), 藤田正勝 編, 『田辺元哲学選II』(東京: 岩波文庫, 2010), 35-36頁.)

앞에서 본 대로, 일본이 강력한 천황제를 중심으로 제국주의를 추구하고 군국주의로 이어 간 데에는, 위령 행위와 제사를 통한 국민적 통합, 이른바 '영혼의 정치'가 뒷받침되어 있었다. 이론적으로는 제사의 국가적 중요성을 앞세운 국학(国学)이 끼친 영향도 크고, 실질적으로는 신도 문화의 국가화를 통해 민중에게 제사 문화를 더 보편화시킨 정책적 효과가 컸다.

그 외에도 일본 철학의 한 축이었던 불교가 제국주의적 천황제를 논리적으로 뒷받침하고 정당화해 온 영향도 적지 않았다. 이 장에서는 대승불교 사상의 정점인 화엄(華嚴)과 선(禪)의 철학이 어떻게 일본 중심주의 혹은 군국주의를 정당화하는 데 기여했는지 알아보도록 하겠다.

불교, 천황제, 국가주의의 관계를 파악하기 위해 대승불교를 사상적 기반으로 하면서 서양철학을 통합해 낸 일본의 선구적 사상가인 니시다 기타로와 그의 제자인 타나베 하지메, 니시다의 친구면서 선(禪)이라는 말을 세계에 알린 스즈키 다이세츠(鈴木大拙)의 논리에 대해 알아보고자 한다. 소토슈(曹洞宗, 이하 조동종)이나 니치렌슈(日蓮宗, 이하 일련종)와 같은 종단이 어떤 방식으로 전쟁 중에 군국주의적 자세에 편승하게 되었는지에 대해서도 살펴보고, 기독교인이기는 하지만, 19세기 말에 이른바 '무사도'를 일본의 정신으로 해외에 알린 니토베 이나조(新渡戸稲造)의 입장에 대해서도 간단히 알아볼 것이다. 그 '무사도'에서도 앞의 경우와 통하는 일본관을 볼 수 있기 때문이다. 이번 장에서는 전체적으로 불교와 불교적 철학이 어떤 방식으로 '메이지의 그늘'을 이어갔는지 비판적으로 성찰하고자 한다.

니시다의 철학과 공(公)에 포섭된 공(空)

근대적인 의미의 일본 최초의 철학자라 할 수 있을 니시다 기타로(西田幾多郎, 1870-1945)도 지금까지 보았던 메이지의 그늘에 머물렀다. 그의 일원론적 장소의 철학과 사상은 이원론의 그늘 속에 있는 서양의 철학자들을 매료시키며 많은 서양의 철학자들을 일본 연구로 끌어들이는 매력적 동력이었지만, 천황과 황실, 전쟁을 벌이는 조국 일본에 대한 그의 인식에는 그의 논리의 절반만 들어 있었다.

니시다는 사상적으로는 탁월한 철학자였지만, 그의 정치적 감각은 침략 전쟁으로 이어 갔던 일본의 제국주의적 정책은 물론 그 정점에 있는 천황가를 칭송하는 데 머물고 말았다. 그는 대승불교, 특히 선(禪)의 세계관을 서양철학의 언어로 재해석하고 재구성하면서 동서양을 통합시킨 새로운 철학의 기초를 다졌지만, 전쟁을 승인하고 추동했던 천황제하에서 현실과 타협적인 발언을 많이 했다. 그는 다음과 같이 말했다.

> 몇천 년 이래 황실을 중심으로 생생발전해온 우리나라 문화의 자취를 돌아보면 그것은 전체적 하나(一)와 개체적 여럿(多)의 모순적 자기동일로서... 전체적 하나로서의 역사에서 주체적인 것은 여러 가지로 변해왔다... 그러나 황실은 이 주체적인 것을 초월하여 전체적 하나와 개체적 여럿의 모순적 자기동일(矛盾的自己同一)로서 자기 자신을 한정하는 세계의 위치에 있었다고 생각한다.*

황실은 과거와 미래를 포함하는 절대현재로서, 우리는 여기서

---

* 『西田幾多郎全集 第十二巻』(東京: 岩波書店, 1965-1966), 335-336頁.

태어나고 여기에서 활동하며 여기에서 죽어간다. … 거기에 우리의 국체는 참으로 주체즉세계라고 말할 수 있다. 역사적 세계 창조란 것이 우리 국체의 본의(本意)일 것이다. 이 때문에 내부로는 만민보익(萬民補益)이고 외부로는 팔굉일우(八紘一宇)다. 이런 국체를 기초로 세계 형성에 나서는 것이 우리 국민의 사명이어야 한다.*

이 인용문은 니시다의 철학과 일본관을 잘 집약하고 있다. 그의 철학의 핵심은, 다소 난해한 문장이기는 하지만, '모순적 자기동일', '자기의 한정'과 같은 표현에서 잘 확인해볼 수 있다. 니시다는 '절대모순적 자기동일', '절대무의 자기한정'과 같은 표현을 열쇳말처럼 자주 사용했는데, 이때 '절대무'는 불교적 '공(空)'의 니시다식 표현이다.** 붓다의 깨달음의 핵심이 그렇듯이, 세상 만사는 서로 관계적이고 상호의존적으로 존재할 뿐, 그 어디에도 자기만의 불변적인 실체라는 것은 없다. 현상적으로는

---

* 『西田幾多郎全集 第十卷』, 333-334頁.
** 니시다의 언어들은 외견상으로는 난해하지만, 전체적으로 보면 『반야심경』의 "색즉시공 공즉시색(色卽是空 空卽是色)"의 다양한 변이라고 해도 크게 틀리지 않아 보인다. 니시다 철학의 전반에 대해서는 이찬수, 『다르지만 조화한다: 불교와 기독교의 내통』(모시는사람들, 2015)의 제4장(모두 절대무 안에 있다: 니시다의 철학과 기독교)을 참조할 것.

다종다양하게 존재하는 것처럼 보여도 그 본질은 텅 비어 있다. 세상은 텅 비어 있는 그대로, 즉 공(空)한 그대로 존재한다. 니시다는 이 공, 즉 절대무(絶対無)를 온갖 현상을 있는 그대로 긍정할 수 있게 해주는 근거로, 모든 특수와 개체를 생생하게 존재하게 해주는, 다시 말해 모든 개체를 자신 안에 포괄하는 '장소'로 해석한다. 그에 의하면, 개개 사물은 이 장소 안에서 저마다의 고유성을 부여받고 사물로서의 자기 정체성을 획득한다.

'절대무의 자기한정'은 『반야심경』의 '공즉시색(空卽是色)'의 니시다식 번역이라고 할 수 있다. 공(空)이 그대로 색(色)의 세계로 드러난다는 것이다.* 니시다는 공이 색의 모습으로 드러난대空卽是色)는 사실을 절대무가 현상세계와 역사로 자기를 한정한다는 식으로 표현했다. 절대무가 현상세계를 포섭하고 긍정하는 '장소'라는 것이다. 공이라는 절대무의 장소 안에서 각 사물은 저마다의 고유성을 부여받고 사물로서의 자기정체성을 획득한다.

---

* 이를 좀 더 해설해 정리하면 다음과 같다: "역사적 현실세에서는 각 개체가 저마다 고유하게 자기동일성을 지닌다. 그렇기에 각 개체는 자기동일성을 지니게 해 주는 장소와 모순(矛盾)된다. 모순되되, 절대무라는 장소에서 그 장소의 자기한정으로 인해 획득한 자기동일성이기에 단순한 대립적 모순이 아니다. 니시다는 이것을 '절대 모순'이라고 부른다. 마치 산과 물의 부정을 거치고서 비로소 '산은 산 물은 물'이라 말할 수 있듯이, 절대무의 장소에서 자기부정을 거침으로써 획득된 고유성이기에 이 고유성은 단순 대립이 아닌 일체의 대립과 차별[對]을 끊어 버린[絶] 모순, 즉 '절대 모순'이다."(이찬수, 『다르지만 조화한다: 불교와 기독교의 내통』, 102쪽)

그렇기에 색, 즉 현상세계는 다른 현상 때문에 존재하게 되는 상대적이고 조건적인 세계가 아니라, 공이 스스로를 한정해 드러낸 그 자체로 절대적인 세계이다. 공이 스스로를 한정해 색으로 드러난다(공즉시색)는 것은 색이 공으로 부정된다(색즉시공)는 뜻이기도 하다. 색은 공이고 공은 색이다. 이런 식으로 색이라는 절대긍정의 세계와 공이라는 절대부정의 세계는 동일하다.

니시다는 순수한 자신의 철학을 전개할 때는 이러한 절대긍정과 절대부정 모두에 충실했다. 하지만 천황제하의 일본에 대해 이야기할 때는 절대긍정의 측면만 강조하곤 했다. 그에게 황실은 일본을 가능하게 해주는 근거, 즉 장소와 같다. 그에게 일본은 황실이라는 절대무에 의해 절대 긍정된 세계이다. 긍정을 가능하게 하는 것이 황실이라는 장소이다. 그가 보건대 일본이 황실의 길에 따라야 하는 것은 너무 당연하다: "국내 사상 지도의 방침으로서는, 자칫하면 당파적으로 빠질 전체주의가 아니라, 어디까지나 공명정대한 군민일체(君民一体), 만민익찬(万民翼贊)의 황도(皇道)가 아니면 안 된다."*

앞 인용문에서 보았듯이, 일본인은 이 황실이라는 장소 안에

---

* 『西田幾多郎全集 第十二巻』, 431頁.

니시다 기타로(西田幾多郎, 1870-1945)는 근대적인 의미의 일본 최초의 철학자라고 할수 있다. 대승불교의 논리를 서양철학의 언어로 재구성하면서 동서양을 통합시킨 새로운학문의 기초를 다졌고 교토대 철학과 제자들이 그의 사상을 계승하면서 '교토학파'라는이름으로 확대되었다. 전 세계 유수의 종교 및 철학자들이 그의 사상을 여전히 연구하고있을 만큼 정교하고 독창적이지만 그의 철학은 일본 제국주의를 이념적으로 정당화하는데 기여했다는 한계도 지닌다.
(西田幾多郎記念哲学館홈페이지). (Public Domain, https://commons.wikimedia.org/wiki/File:Portrait-of-Kitaro-Nishida.png))

서 태어나고 활동하고 죽는다. 일본인의 현재를 가능하게 해 주는 것이 황실이라는 '절대현재'이다. 황실은 과거, 현재, 미래에 걸쳐 질적인 변화가 일어나는 공간이 아니라, 영원의 영원한 현재화이나. 그런 의미의 절대현재이다. 공이 그대로 색이고, 절대무의 자기한정이 역사이듯이, 황실은 '순간즉영원', 다시 말해 영원 그 자체로서의 현재이다. 그렇게 황실은 영원하다.

앞장에서 '제사의 정치학'에 대해 보았거니와, 니시다에 의하면, "일본에서 제사는 곧 정치[祭政一致]이며, 주권은 종교적이다."* 황실이 일본을 만민에 이익이 되게 하고[萬民補益], 세계를 하나의 집[八紘一宇]으로 만드는 장소인 것이다.

황실이라는 장소에 의해 긍정된 일본은 '다양성[八紘]'을 '하나로 묶는 근거[一宇]'다. 그런데 다양성이 정말로 하나이려면, 그 하나가 자신을 부정해 다양성을 있는 그대로 살려야 한다. 그런데 니시다가 현실의 세계에 관해 이야기할 때는 한국과 중국을 포함하는 다양성의 세계까지 있는 그대로 살리지 않는다. 앞 인용문에서처럼 일본의 정체는 일본의 '주체가 그대로 세계[主體卽世界]'라는 사실에 있다면서도, '세계가 그대로 일본의 주체'라고까지 말하지는 않는다. 그의 본연의 논리대로라면 일본도 절대 부정할 수 있을 때 절대 긍정될 수 있지만, 그는 일본의 절대부정은 말하지 않는다. 좀 더 정확히 하면, 황실은 일본을 가능하게 해 주는 절대무의 장소로서, 일본은 그 절대무 안에서 절대 긍정된 세계라는 사실만 긍정한다.

본래 '여덟 방향[八紘, 세계]'과 '하나의 집[一宇]'이 논리적으로 '동일'하려면 그 '하나의 집'이 자신을 부정해 '여덟 방향'을 포섭

* 『西田幾多郎全集 第十卷』, 334頁.

할 수 있어야 하지만, 니시다는 '하나의 집'을 결코 부정될 수 없는 절대적 기준으로 남겨 둔다. 황실에 기반한 일본은 절대성의 세계로 남겨두고, 한국이나 중국은 일본에 의해 좌우되는 상대성의 세계로 떨어뜨리고 만다. 팔굉일우의 세계관이 실제로 어떤 참혹한 상황을 낳았는지는 그의 관심사가 아니었기 때문이다.* 팔굉일우가 일본이라는 나라의 정체, 즉 국체(国体)이며, 이 국체의 기본적인 의미는 역사적인 세계를 창조하는 것이고 그 사명은 세계의 형성에 나서는 데 있다는 것이 위 인용문의 근간이다. 일본학자 박규태는 이렇게 말한다.

> 니시다는 '절대 모순적 자기동일'의 논리에 입각하여 '절대무'의 현현을 일본 황실 안에서 보았다. 니시다는 그 절대무를 초월적이자 동시에 내재적인 것으로 간주했는데, 그런 성격이 상대적·대상적인 현실과 어떤 관련이 있는지에 대해서는 명확히 밝히지 않았다. 그는 황실이라는 상대적 현실, 즉 도저히 절대무가 될 수 없는 대상을 '절대무'로 간주했던 것이다. 즉, 니

---

* 팔굉일우 개념의 성립과 일본 내 전개과정에 대해서는 홍이표, "'팔굉일우'에 의한 평화 개념의 변용과 수용", 레페스포럼 기획, 『종교로 평화 만들기: 반일과 혐한을 넘어』(모시는사람들, 2022), 129-135쪽 참조.

시다의 지적은 범주적 오류 혹은 적어도 대단히 일면적인 단정에 지나지 않았다.*

니시다가 파괴적 전쟁 자체를 찬양한 것은 아니라 해도, 그의 세계 혹은 아시아는 일본 중심적이었고, 일본의 역사만 긍정하는 수준에 머물고 말았다. '절대무의 자기한정'의 논리는 원칙적으로는 보편적이었지만 현실에서는 천황제하의 일본에만 적용되고 말았다. 일본은 절대무로서의 장소, 즉 황실이 자신을 한정해 스스로를 드러낸 세계라는 사실을 긍정하는 데만 머물렀다. '과정'을 탈각시킨 채 현상 자체에만 몰입하고 경험의 순수성만을 살리려는 데서 벌어진 일이라고도 할 수 있다.** 허우성이 니시다의 이런 태도를 "근대 일본의 두 얼굴"이라고 표현했듯이,*** 한편에서는 세계와 역사의 순수한 존재 원리를 심층적으로 규명하면서도, 다른 한편에서는 전쟁으로 인한 참혹한 살상의 현장, 일본 제국주의의 식민 지배로 고통받는 사람과 이웃 국가의 현실에 대해서는 외면했다.

---

* 박규태, 『일본정신의 풍경』(한길사, 2009), 266쪽.
** 片山杜秀, 『近代日本の右翼思想』(講談社, 2007), 159-162頁.
*** 허우성, 『근대 일본의 두 얼굴: 니시다 철학』(문학과 지성사, 2000).

논리에만 충실한 스즈키 다이세츠

선(禪, Zen)이라는 말을 세계에 알린 스즈키 다이세츠(鈴木大拙, 1870-1966)는 어떤가? 그도 천황제하의 군국주의를 정당화할 만한 교묘한 발언을 수도 없이 쏟아 냈다. 선과 군국주의를 단순 동일시한 것은 아니지만, 현실의 대중적 담론에서는 얼마든지 그렇게 변용될 수 있는 가능성을 충분히 지닌 것들이었다. 그는 이렇게 말했다.

선(禪)에는 일련의 개념이나 지적 공식을 가진 어떤 특별한 이론이나 철학이 있지 않다. 단지 사람을 생사의 굴레에서 해방되도록 하는 것뿐이다. 이를 위해 그만의 특유한 직각적(直覺的) 이해 방법에 따른다. 그 직각적 가르침에 방해되지 않는한, 거의 모든 철학이나 도덕론에 응용할 수 있는 탄력성을 가지고 있고, 그 억양(抑揚)도 지극히 풍부하다. 선은 무정부주의나 파시즘에도, 공산주의나 민주주의에도, 무신론이나 유심론에도, 또한 어떤 정치적이고 경제적인 교설에도 결부되어 있다. 어떤 의미에서 선은 언제라도 혁명적 정신의 고취자라고도할 수 있다. 또한 그것이 과격한 반역자에게도 해당된다면, 완고한 수구파에게도 해당될 수 있다는 사실을 함축하고 있다.*

선(禪)이 무정부주의나 파시즘은 물론 공산주의와도 연결된
다거나, 거의 모든 철학과 도덕론에도 응용할 수 있다거나, 정
치적이고 경제적인 교설에도 결부되어 있다는 말은 일체의 정
치 · 경제 · 사회 · 문화적 현실을 탈색하고 선의 논리 자체만을
볼 때 가능한 말이다. 순수한 논리 그 자체에만 집중하면, 선을
심지어 전쟁과 연결시키는 것조차도 가능해진다.

선 수업은 단순하고 직접적이고 자기믿음[自恃]적이고 극기적
이다. 이 계율적인 경향은 전투 정신과 잘 일치한다. 전투하는
이는 언제든 눈앞에 있는 싸움의 대상에 마음을 오롯이 집중하
면서 뒤돌아보아서도 곁눈질해서도 안 된다. 적을 부수기 위해
똑바로 나아가는 것이 그에게 필요한 모든 것이다.**

'선'은 단순하고 직접적이다. 선에는 곁눈질이 없다. 보이는

---

* 鈴木大拙, 北川桃雄 訳, 『禪と日本文化』(東京: 岩波書店, 1940), 37-38頁(= D. T.
  Suzuki, *Zen Buddhism and its Influence on Japanese Culture*, Kyoto: Eastern
  Buddhist Society).
** 鈴木大拙, 『禪と日本文化』, 36頁.

그대로만 볼 뿐이다. 그러나 그 직접성이 가령 누군가를 죽이는 결과로 나타난다면 사정은 달라진다. 선을 곁눈질해서는 안 될 전투에 비교하는 것은 비유적으로는 가능하지만, 실제 전투는 순수 논리가 아니라 구체적 폭력과 살상의 현장이다.

게다가 스즈키가 위와 같은 글을 쓴 때가 1938년이었다. 1937년에 중일전쟁을 벌였고 1941년 태평양전쟁으로 이어 갔으니, 1938년은 일본의 대륙 침략 전쟁이 한창이던 때였다. 이런 전쟁기에 선의 직접성이 전투 정신과 통한다는 식의 말은 그저 말로만 끝나지 않는다. 논리 자체에는 육체가 없고, 기쁨도 슬픔도 없지만, 그 논리가 사회 속에서 힘을 얻으면 거기서 기쁨도 슬픔도 나온다. 게다가 전쟁기라면 선도 전쟁에 참여하는 동력이 될 수 있는 것이다.

군국주의에 공헌한 불교계

실제로 일본 불교계는 불교의 메시지를 오로지 일본 사회와 국가에 적용했다. 불교도로서보다는 천황제, 군국주의하의 일본인으로서의 정체성이 더 강했다. 당시 일본 불교계 전반은 일본이 벌인 전쟁에 적극 협력했다. 선종이었던 조동종(曹洞宗)이 대표적이었다. 현 조동종 승려인 이치노헤 쇼코(一戶彰晃)는 당시를 비판적으로 반성하며 이렇게 증언했다.

태평양전쟁이 시작되자 조동종은 대동아문화공작연구소라는 기관을 설치했다. 대동아 건설에 협력하고 흥성호국(興聖護國)의 종의를 기조로 하는 대륙 및 남방 제국 문화 공작에 관한 제반 조사와 연구를 목적으로 하여 종교 국책 수립에 관한 건, 대동아의 종교 사정에 관한 건, 개교 및 교육에 관한 건을 다루었다. 전시색이 한층 짙어지던 시대였다. 식민지 조선에서 전개하고 있던 조동종 사원이나 포교소도 전시하에 더욱더 긴장도가 높아졌다. 대화정의 양대 본산 별원 조계사는 대범종을 군에 헌납하여 모범을 보였다.[*]

1941년에는 조동종에서 모금 활동을 벌여 제국 해군에 전투기 두 대를 기증했다. 전투기 이름도 '조동1호(曹洞1号)', '조동3호(曹洞3号)'였다. 당시 《조동주보(曹洞週報)》(第55号, 1941.9.1.)에는 다음과 같은 논평이 실렸다.

---

[*] 이치노혜 쇼코, 장옥희 옮김, 『조선침략 참회기-일본 조동종은 조선에서 무엇을 했나』(동국대학교출판부, 2013), 180쪽.

완전무장 국가 건설이라는 국가정책에 발맞추어 우리 종단은 하나로 단결하여 이러한 행동의 신실성이 이 비행기들이 대동아 공영권의 하늘에서 높이 나는 장엄한 모습에서 증명될 것이라는 희망을 가지고 전투기 '조동(曹洞)'을 기증했다. … 이러한 행동은 국민정신의 고무와 성숙에도 크게 기여할 것이라고 믿는다.*

일련종(日蓮宗)에서는 1938년 4월 『호국불교』를 창간했고, 종단 지도자들은 '황국의 길 불교 실천 연합'을 결성했다. 이 단체의 회칙 중 일부는 다음과 같다: "황국의 길 불교는 국가정책의 장엄한 정수를 드러내는 『연화경』의 오묘한 진리를 이용한다. 대승불교의 참정신을 드높이는 것은 경건하게 천황의 직무를 지지할 것을 가르치는 것이다. … 황국의 길 불교에 있어서 원칙적으로 숭배해야 할 형상은 인도에서 태어난 석가모니불이 아니라, 그 계보를 일본 세대에 걸쳐 이어 온 천황 폐하이다."**

그뿐 아니다. 메이지 천황이 반정부 세력을 제압하고 새 정부

---

* 브라이언 다이젠 빅토리아, 정혁현 옮김, 『전쟁과 선』(고양: 인간사랑, 2009), 249쪽에서 재인용.
** 브라이언 다이젠 빅토리아, 『전쟁과 선』,, 160-161쪽에서 요약 재인용.

를 옹위하도록 하기 위해 「군인칙유(軍人勅諭)」(1882)라는 군인지침서를 제정했는데, '일련종'에서는 그 지침서의 취지와 내용을 적극 수용했다. 「군인칙유」의 핵심은 "군대는 천황이 통솔해 온 오랜 전통을 복원하니 모든 군인은 천황에게 복종하면서 ① 충절을 다하고 ② 예의를 갖추고 ③ 무용(武勇)을 중시하고 ④ 신의를 존중하고 ⑤ 검소해야 한다."라는 것이다. 아마 도시마로(阿滿利麿)가 「군인칙유」 및 「교육칙어」가 일종의 '천황교의 경전'처럼 활용되었다고 말한 바 있듯이,* 전쟁에서 「군인칙유」는 군인들이 전쟁에서 자기검열을 하는 데 적절히 활용되었다.

실제로 태평양전쟁 당시 총리대신이었던 도조 히데키(東條英機, 1884-1948)는 이러한 내용을 전쟁에 적용하기 위해 「전진훈(戰陣訓)」(1941)이라는 이름의 군인 규정으로 변용해 공포한 바 있다. 그 핵심은 "살아서 포로가 되는 치욕을 당하지 말고 죽어서 죄화(罪禍)의 오명을 남기지 말라."(2장 8절)라는 데 있었다. 천황을 위하여 목숨을 바치는 것이 군인 최고의 영예라는 것이다.

문제는 불교계 상당수가 이러한 전쟁에 적극적으로 협력했다는 것이다. 불교의 유식(唯識)사상에 기반을 두고 기독교, 이슬

---

* 이 책의 제2장을 참조할 것.

람, 심리학 등을 통합해 생겨난 세이초노이에(生長の家)는 더 적극적으로 육군과 해군에 전투기를 헌납하고, 1944년에는 도쿄의 본부 도장까지 군에 헌납했다. 앞에서도 보았듯이, 대부분의 사찰 안에 묘지를 두고 있고 일종의 '죽음의 관리자' 역할을 하던 일본 불교와 승려의 입장에서는 전쟁과 죽음과 종교가 별개일 수 없었다. 실제로 태평양전쟁 당시 승려들이 사찰에서 전사자 수십만 명의 장례식을 거행하면서「전진훈」을 일종의 불교 전도서 또는 교재처럼 사용하기도 했다.*《조동주보(曹洞週報)》(1941.2.1.)에서는「전진훈」의 전문을 게재하면서 전진훈의 내용은 군인만이 아니라 민간인에게도 적용되어야 한다고 주장했고, 조동종 종무청은「전진훈」을 수천 권이나 발행해 판매하기도 했다. 사찰과 거기에 속한 묘원이 망자를 위한 '추도' 시설이라기보다는 국가주의의 '현창' 시설로 작동한 것이다.** 사찰이 '야스쿠니신사'와 다를 바 없는 역할을 한 셈이다.

---

* 브라이언 다이젠 빅토리아, 『불교파시즘』(교양인, 2013) 제7장, 특히 234-239쪽 참조.
** 다카하시 데쓰야, "애도작업을 가로막는 것: 희생의 논리를 넘어서", 이영진 외, 『애도의 정치학: 근현대 동아시아의 죽음과 기억』(길, 2017), 246쪽 참조.

이념화된 감정, 희생시킨 이들의 정당화

불교의 이름으로 어떻게 이런 일을 할 수 있었던 것일까. 거기에는 아주 기초적인 관점이 결여되어 있었기 때문이다. 그것은 누군가의 아픔과 고통스러운 죽음에 대한 연민, 공감의 차원이다. 선사상이 군국주의에 기여하고, 불교가 협의의 현창 시설로 작용한 데에는 상처와 죽음, 살상과 죽임 자체에 대한 연민과 공감이 결여되어 있었다. 국가에 의해 '적'으로 규정된 이의 죽음에 대한 공감은 물론 자국민의 죽음에 대한 연민조차 이념에 휩싸인 공적(公的)인 의무로 전환시켜 버린 것이다.

가령 야스쿠니신사의 이념은 기본적으로 호국영령에 대한 '현창'이다. 그러나 호국영령이라고 불리는 이들 중에도 원치 않는 '개죽음'을 당한 경우가 태반이다. 죽고 싶지 않았는데 상처 입고 죽임당한 경우가 허다하다. 서구식 '희생의 논리'에 함축되어 있듯이, 이러한 희생자를 영령으로 받들고 현창하는 일은 희생당한 이들보다는, 희생시킨 이들의 정당화에 기여한다. '희생당한' 이들의 슬픔을 '살아남은' 이들을 위한 기쁨으로 전환시켜 버린다. 이것이 현창 시설의 특징이기도 하다.

일본 군국주의의 상징인 야스쿠니신사는 추도 시설로서보다는 현창 시설로서의 역할이 크다. 추도 혹은 추모에는 슬픔에 대한 연민과 공감이 전제되어 있지만, 국가주의적 시설에는 추모보다는 현창이 전면에 등장한다. 특히 국가에 의해 '적'으로 규정된 이들에 대한 슬픔은 들어 있지 않다. 그나마 무명의 전사자들은 기억조차 되지 못했다. 일본의 불교는 이러한 따뜻한 공감이나 연민 같은 인간적 감성의 언어가 없이 형식논리를 국익 중심적으로 활용하면서 군국주의에 기여했다.

설령 감성의 언어가 있었다 해도, 거대한 국가주의와 차가운 논리 안에 흡수된 감성이었다. 불교의 가르침도 개인의 내면 안으로만 몰아넣었다. 여기에다 유력한 불교 사상가들은 이것을 정교하고 냉정한 논리로 뒷받침하고, 모든 것을 죽은 이의 '명예'로 회수해 버렸다. 여기에 이념을 개입시키면서 감성에도 차별을 두었다. '이념적 감성'에 따라 아군과 적군을 분리하고, 국가가 적으로 규정한 이에 대한 죽임과 죽음을 당연시했다. 스즈키가 앞에서 표현한 '단순', '직접', '극기', '마음 오롯이 먹기', '똑바로 나아가기' 등을 개인의 내적 태도에만 한정하면, 현실에서의 죽음과 죽임도 오로지 개인의 몫이 되고 마는 것이다. 문제투성이 사회와 국가도 전혀 문제가 아니게 된다. 설령 문제라는 사실을 알게 되어도, 그 책임을 물을 권력 너머 상위의 보편적 기준이 없다 보니(이에 대해서는 제4장 '제사의 정치, 영혼의 거처'에서 보았다), 현실은 비슷하게 지속되는 것이다.

하지만 실제 살상의 현장과 일체의 결과를 개인의 내적 순수함으로 환원시키는 태도는 완전히 다른 문제이다. '자기초탈'도 순수하게 개인의 체험으로만 보면, 타자의 죽음과 죽임에는 무감각해질 수 있다. 스즈키가 이런 말을 노골적으로 한 것은 아니지만, 무사도를 선과 연결 지으며 그와 통하는 듯한 발언을 여러 차례 했다.

무사도의 인생관은 선의 인생관 이상도 이하도 아니다. 죽는 순간 마음의 고요함이나 심지어 기쁨까지 느끼는 일본인들의 뚜렷한 특징, 일본 군인들이 압도적인 적군 앞에서 일반적으로 보여주는 대담함 … 이 모든 것은 바로 선 수행의 정신에서 비롯한다.

무사정신은 당연히 일본 국민을 상징한다고 할 수 있다. 나는 무사정신을 순수한 상태 그대로 일본의 모든 계급이, 정부의 관리든 군인이든 기업가든 지식인이든 전원이 흡수한다면 지금 우리를 괴롭히는 문제 대부분이 단칼에 제거될 것이라고 믿는다.*

---

* 브라이언 다이젠 빅토리아, 『불교파시즘』, 218~219쪽, 220쪽에서 재인용.

무사도에 입각한 자기초탈적 죽음이나 자살은 가능할 것이다. 자기 자신의 죽음을 무집착적으로 맞이할 수도 있을 것이다. 만일 수천, 수억 전 국민이 이런 정신을 가지면 스즈키의 말대로 풀지 못할 것이 없을지도 모른다. 하지만 그런 자기초탈을 경험하는 이는 소수이고, 나로 인해 누군가가 죽는 일은 완전히 다르다. 누군가를 죽이려는 의도 없이 순수하게 누군가를 죽이는 것은 전적으로 타자와의 관계성을 도외시하고 사회적 윤리와는 무관한 개인만의 태도, 그것도 내면 안에서만 가능하다. 그러나 불교의 세계관에 따르면, 인류의 삶은 서로 연결되어 있고, 당연히 순수한 인식과 전적인 개인만의 문제라는 것은 없다. 아무리 초탈한 사람도 깨닫지 못한 중생과의 사회적 관계성에 놓여 있는 것이다.

선과 의지: '하고자 함'과 '함'의 간격

선은 무아론(無我論)을 기반으로 불성론(佛性論)과 성기론(性起論)을 거쳐 도달한, 온 생명의 소중함을 구현하려는 삶의 근본 태도라고 할 수 있다. '하화중생(下化衆生)'도 그렇고, '입전수수(入廛垂手)'도 생명, 특히 타자의 생명 본연의 모습을 살리려는 선적 실천이다. 선은 개인의 자기극기적 행위만이 아니라, 중생과의 근원적 연결성과 평등성을 전제로 한다. "중생이 병들어서 나도 병들었다."라는 유마 거사의 일성처럼, 어딘가에 아픔과 죽임이 있으면 그 아픔과 함께해야 하고, 나아가 그런 아픔이 벌어지지 않도록 하는 일에 무집착적으로 나서야 한다.

그런데 스즈키는 일종의 개인의 '별업(別業)'에만 매몰된 채 사회적 '공업(共業)'은 도외시한 것으로 보인다. 불교적 세계관에서의 공업에는 다른 누군가의 아픔, 가령 전쟁으로 고통당하는 한국인의 아픔도 나의 아픔일 수밖에 없는 상관성의 논리를 기본으로 한다. 하지만 그는 일본인의 아픔만을 일본을 위한 긍정적 희생으로 승화시키는 논리에만 충실했다. 이것은 일견 선적 논리의 힘 자체에만 충실했던 것이라고도 할 수 있을 것이다. 하지만 깨달음의 논리가 개인 안에만 매몰되고 생명의 평등성에 입각한 사회적 관계를 간과하면 깨달음의 이름으로 충돌과 살상이 벌어질 수도 있다.

한국의 종교인과 일본의 종교인 간 전쟁은 임진왜란 때는 물론 일제강점기 독립운동 중에도 경험한 일이다. 이른바 성전(聖戰)이라는 이름의 종교전쟁이나 평화라는 이름의 폭력이 벌어지는 것도 비슷한 구조다.[*] 평화조차 자기중심적으로 해석하면서 자신을 정당화시키려는 태도는 그와 같은 수준의 다른 자세와 충돌한다. 현실에서는 '자기중심적 평화들(ego-centric peaces)' 간 충돌의 사례가 훨씬 많다.

이렇게 나의 무집착적 실천이라는 것도 사회적 관계성을 무시하면 타자의 무집착적 실천과 충돌할 수 있다. 그 실천들이 저마다 개인적 자기정당화로 인해 전쟁으로도 이어지기도 한다. 물론 그런 과정에서 죽는 이 자신이 죽음에 대한 집착이 전혀 없다면 그것도 좁은 의미에서는 선(禪)의 정신이라고 할 수 있을 것이다. 그런데 죽음을 두려워하는 중생마저 죽이는 형태로 나타나면 그것은 선이 아니다.

그런데 왜 스즈키와 같은 근대 일본의 주요 선사상가에게 이런 문제의식이 잘 안 보이는 것일까? 왜 일본에 점령당한 한국과 여러 나라들, 일본 군인에게 희생당한 조선 민중의 현실에 대해서는 별말이 없었을까?^{**} 왜 사회적 구체성을 개인적 깨달음의 논리 안으로 환원시키고 만 것일까? 그 근본적 이유 중의 하

---

* 이찬수, 『평화와 평화들: 평화다원주의와 평화인문학』(모시는사람들, 2016). 이찬수, '분쟁의 심층: 정체성 갈등과 평화의 논리', 『세계의 분쟁: 평화라는 이름의 폭력들』(모시는사람들, 2019).
** 鈴木大拙, 『禪と日本文化』, 48-49頁.

나는 '의지'의 개념을 오해하고, '윤리'의 문제를 간과한 데 있다.

스즈키는 선을 '의지의 종교'라고 말했다. 의지는 개인이 무엇을 '하고자 함'이다. 선의 논리대로라면, 무언가를 '하고자 함'이 그렇게 '하고자 하는' 개인의 순수한 주체성 및 타자의 주체성과 완전히 일체가 될 때, 하고자 한 대로 하게 된다.

그러나 물리적이고 생물학적인 한계를 지닌 현실에서 '하고자 함'과 실제로 '함' 사이에는 간격이 있다. 그 간격은 하고자 함의 대상 혹은 하려고 하는 내용이 그렇게 하려고 하는 주체 및 그 의도와 완전히 동일하지 않다는 데서 생긴다. '하고자 함'은 순수하게 개인적일 수 있지만—물론 근본적으로는 '하고자 함' 자체도 그 무엇들과의 관계성 속에서 벌어지지만—, 실제로 '함' 은 제한된 물리적 환경 속에서, 그리고 타자와의 관계성 속에서 벌어지기 때문이다. 그래서 사태가 뜻하지 않던 곳으로 여러 갈래를 만들며 흘러갈 수도 있다. 한마디로 내 일도 내 맘대로 다 할 수 없고, 너는 나와 같지 않다. 내가 너에게 하고자 함이 네가 원하는 것이 아닐 수도 있다. 이것이 연기법(緣起法)의 근간이기도 하다.

그렇다면 모든 '하고자 함', 즉 '의지'는 너를 살리려는 '하고자 함'이어야 한다. 나의 순수한 주체성이 타자에 대해서 구체적이고 윤리적으로 나타나야 한다는 뜻이다. '하고자 함'이 실제로

'함'으로 하나가 되어 이어질 때, 그 '함'이 타자의 생명도 살릴 수 있어야 한다. '윤리적'이라는 것은 결국 타자를 존중하고 그 생명을 살리는 행위와 동의어이다. 그러한 생명 중심의 실천에 서만 선이 '의지의 종교'라는 스즈키의 말이 일정 부분 설득력을 얻는다. 선의 논리에 따르면, 너를 살리려는 의지조차 무집착적 이어야 하는 것은 물론이다.

그런데 스즈키는 이러한 문제까지는 보지 못했다. 무집착적, 자기초탈적 직접성에는 집중했지만, '의지'를 '실천'과 단순 동 일시하고, 순수한 '실천 자체'와 구체적 '실천의 결과'를 구분하 지 못했다. 적어도 군국주의 시대를 살던 스즈키는 그랬다. 그 가 '의지의 종교'로서의 선은 "철학적으로보다는 도덕적으로 무 사정신에 호소한다."*라고 했을 때도, 말의 겉뜻과는 달리 무사 정신이라는 개인의 철학적 논리가 관계적 차원의 이타적 도덕 을 앞섰다. 이것은 그보다 앞선 인물인 니토베 이나조(新渡戶稻 造, 1862-1933)가 무사도(武士道)를 이상화된 일본정신으로 체계화 시킨 자세에서도 보인다.

---

* 鈴木大拙, 위의 책, 35頁.

니토베 이나조의 경우

니토베는 18세기 말에 무사도를 일본적 정신의 근간으로 전 세계에 소개했다. 무사도는 벚꽃과 함께 '일본의 상징'이자 '일본 땅의 고유한 꽃'으로서, 그 정신을 정의, 용기, 인애, 예의, 성실, 명예, 충실, 극기 등으로 요약했다. 이 정신의 기초에는 불교, 신도, 공·맹(孔·孟)이 있다면서, 불교로부터는 '운명에 대한 평온한 신뢰의 감각', '불가능한 것에의 조용한 복종', '위험이나 재난에 직면했을 때의 금욕적 평정', '삶을 업신여기고(侮蔑) 죽음을 가까이하는 감각' 등을 배웠다고 한다. 신도로부터는 '주군에 대한 충성', '선조 공경', '효심' 등을, 공맹으로부터는 다섯 윤리(五倫), 처세, 정치적 감각 등을 배웠다고 한다.[*] 메이지 정부 들어 봉건제가 타파되고 무사 자체는 사라졌어도, 이 무사의 정신은 앞으로도 일본을 견인할 것이라고 그는 보았다. 문제는 그 역시 무사도 자체에 취해 무사도를 기반으로 일본이 행한 사례 전반에 대해 자긍심만을 가졌다는 것이다. 가령 그는 이렇게 말했다.

---

[*] 新渡戸稲造, 奈良本辰也 訳, 『武士道』(東京: 三笠書房, 2006), 23-27頁.

근년의 청일전쟁(1893-1894)에서 일본은 무라타 총과 크루프 총 덕택에 승리를 거뒀다고들 한다. 또 이 승리는 근대적인 학교 교육의 성과라고도 한다. 그러나... 새삼 말할 것도 없이 활력을 가져오는 것은 정신이고, 정신이 없으면 최고의 장비도 아무런 이점이 없어진다. 최신식 총과 대포도 스스로 불을 뿜는 것은 아니다. 현대적 교육제도를 가졌어도 겁쟁이를 영웅으로 길러낼 수는 없다. 압록강에서, 혹은 조선이나 만주에서 승리를 쟁취한 것은 우리를 이끌며 우리의 마음을 격려해온 조상의 영혼이었다. 이 영혼, 우리의 용감한 선조는 죽음으로 끊어진 것이 아니다. 보는 눈이 있는 자에게는 그것이 분명히 보인다. 가장 앞선 사상을 지닌 일본인의 표피를 들여다 보자. 거기서 사람은 무사(사무라이)를 보게 될 것이다.[*]

무사의 정신을 일본적 도(道)로 규정하는 것은 얼마든지 가능하다. 문제는 청일전쟁에서의 승리, 조선과 만주 전쟁에서의 승리를 '우리 조상의 영혼이 이끌고 격려해온 덕'이라는 식의 표현에 있다. 이 말 자체가 무사도 전반의 핵심은 아니지만, 이러한

---

[*] 新渡戸稲造,『武士道』, 173-174頁.

해설을 서슴없이 붙일 수 있다는 사실이 무사도 자체와 무사도의 온갖 결과들을 구분하지 못했다는 증거이다. 무사도의 충정의 논리에 치중한 나머지 그 충정의 결과로 나타난 살상은 안중에 두지 않은 것이다.

칼 슈미트(Carl Schmitt, 1888-1985)가 '국가의 개념은 '정치적인 것'의 개념을 전제로 하며 정치적인 것의 근본 범주는 '동지'와 '적'의 구분에 있다고 본 바 있듯이,* 세속화한 근대 민족국가가 적으로 규정한 이와의 전쟁은 당연할 뿐만 아니라, 전쟁하는 이들에게 '적'은 죽여도 죽인 자가 죄인으로 문초당하지 않는 마치 '호모 사케르'(조르조 아감벤)처럼 작용한다.** 불교가 이념적으로는 물론 물리적으로까지 국가주의 혹은 군국주의와 밀착되었었다고 해서 그것이 딱히 일본만의 현상이라는 뜻은 아니지만, 일본에서 잘 드러나고 있었던 것은 분명하다. 다시 스즈키로 돌아가 보자.

---

* 카를 슈미트, 김효전 외 옮김, 『정치적인 것의 개념: 서문과 세 개의 계론을 수록한 1932년판』(살림, 2012), 20, 31, 39쪽.
** 조르조 아감벤, 박진우 옮김, 『호모 사케르』(새물결, 2008). 이찬수, "자연의 타자화, 인간의 사물화, 그리고 세월호", 김성철 편, 『재난과 평화』(아카넷, 2015), 50-53쪽 참조.

선(禪)과 현실, 다시 스즈키 비판

전술했듯이 선을 무사의 정신과 일치시키면서 '적을 부순다' 든지, 선을 '파시즘에도 연결시킨다'든지 하는 스즈키의 발언들은 선을 개인적이고 직접적으로 체험하는 영역 안에서만 통하는 말이다. 선을 개인적 행위의 순수성에만 두고, 연기사상에 담긴 타자와의 실질적 관계성을 도외시하면 무사에 의한 처참한 살상도 그저 무사의 순수한 행동이 되어 버릴 수 있다는 뜻이다. 예리한 살상용 칼이 추상적 논리 안에 함몰되어 버릴 수 있는 것이다.

실제로 스즈키가 "무사가 자기중심적 의지와 충동을 억제해 평화·정의·진보·인도(人道) 등과 연결시키고, 그로 인해 평화·정의·진보·인도에 방해되는 사태를 없앨 수 있다면 그 전쟁은 선불교적으로도 정당한 셈이 된다."[*]라고 말한 것은, 자칫하면 살생과 상생은 무사가 얼마나 칼과 하나 되어 있느냐 없느냐를 판가름하는 기준으로만 작용할 뿐, 유혈이 낭자하고 극심한 고통을 당하는 칼의 현실은 간과하게 할 수도 있다. 실제

---

[*] 鈴木大拙, 『禪と日本文化』, 62-63頁 참조.

로 선과 검도의 관계를 다루는 글에서 스즈키는 이렇게 말했다: "칼은 무사의 혼이다." "선에는 활인검과 살인검이라는 말이 있다." '단순한 기술자의 칼은 사람을 죽이지만, 칼과 일체가 된 선적 무사의 칼은 적을 죽이려 하지 않아도 적이 나타나 그 자신을 죽게 만든다. 그때의 살생은 그 무사가 행한 것이 아니라 칼 자체가 행한 것이다.'

전쟁에서의 죽임과 죽음을 모두 개인화시키면, 내가 남의 칼에 의해 죽는 순간에도 초연해질 수 있고, 내 칼에 의해 누군가가 죽는 순간조차 그저 가상 세계의 하나처럼 보일 수도 있는 것이다. 누군가 무사에 의해 죽임을 당해도, 그 누군가가 무사의 칼로 스스로 다가선 것일 뿐이어서, 무사의 윤리적 책임이 아니게 되는 형국으로 이어질 수 있는 것이다.

물론 스즈키가 이에 대해 문제의식이 전혀 없었던 것은 아니다. 태평양전쟁의 패전 이후에는 일본이 사태를 잘못 파악해 큰 혼란으로 들어갔었다는 문제의식을 갖기는 했다. 각종 전란에 휘둘리게 된 불행의 근본 원인은 불교 사상의 두 축인 지혜[大智]와 자비[大悲]가 결여된 데 있다고 생각하기도 했다. 가령 그는 패전 이후 쇼와(昭和) 천황과 황후를 위해 불교 사상의 기초를 강연하며 이렇게 말한 바 있다.

화엄의 사사무애법계(事事無礙法界)를 움직이고 있는 힘은 다름 아닌 대비심(大悲心)입니다. 이 대비심 때문에 인간의 개아(個我)는 그 한계를 타파하여 다른 많은 개아와 편용섭입(偏容攝入)할 수 있습니다. 비심(悲心)은 빛으로 빛나는 천체와 같고, 그것으로부터 나오는 광명은 모든 다른 형체를 비추고 그것을 감쌉니다. 그래서 그것과 일체가 됩니다. 그렇기 때문에 그 사물들이 상처를 입으면 자신도 또한 상처를 입는 것같이 됩니다.*

다른 사물이 상처를 입으면 자신도 상처를 입는다는 발언은 지극히 '대승적'이다. 그런데 '다른 사물의 상처' 속에 조선인의 상처도 들어 있었는지는 의심스럽다. 스즈키는 자신의 상처, 천황의 상처를 다른 사물의 상처 및 침략 전쟁으로 인한 무수하고 무고한 죽음들과 비교해 본 적이 있었을까? 대비심(大悲心)이라는 순수한 이론 그 너머에 대해 얼마나 생각해 보았을까? 그렇지 않았을 것이다. 그렇다면 천황 앞에서 그러한 강의를 했을리 만무하겠기 때문이다.

* 스즈키 다이세츠, 김용환 외 옮김, 『불교의 대의』(정우서적, 2017), 113쪽.

우리들 일본인 누구나 과거 십수 년 동안 전체주의라든가 개인주의라든가 국가지상주의라고 하는 것에 제압되어 말할 수 없는 고뇌를 받고, 그 결과 오늘날에도 또한 그 화(禍)를 받지 않으면 안 되게 되어 있습니다. 이것은 필경 대비심(大悲心)의 현전이 없었기 때문입니다. 사사무애법계로부터의 소식이 끊어졌기 때문입니다. 오늘날의 과학도 이 대비를 소홀히 하면 반드시 인간에게 화가 되는 것입니다. 국제간의 분규도 그 근원은 대비원(大悲願)의 유무와 관계가 있습니다. 민주주의라는 것도 또한 이것에 뿌리를 내리지 않으면 결실을 맺을 수 없습니다. 정치도 재정도 법률도 사회생활도 '한소식[一著子]'을 놓침으로써 헤아릴 수 없는 화를 초래하게 됩니다.*

국가 간 분규를 포함해 각종 불행의 과정과 그 근본 원인에 대해 불교적 진단과 처방을 내린 발언들이다. 대비심과 대비원이라는 '한소식'을 놓치면 모든 것이 망가진다는 것이다.

하지만, 패전 후 패전의 상황을 돌아보며 천황 부부를 위해 강연한 내용이라는 한계도 있겠지만, 스즈키에게는 교묘한 주권

---

* 스즈키 다이세츠, 『불교의 대의』, 120쪽. 역서에 '일저자'(一著子)로 오역된 것을 '한소식'(一著子)으로 정정 표기했다.

의 탈취, 참혹한 폭력과 살육의 현장, 특히 한국이나 중국, 동남아시아 등 여러 나라 피해자들의 상상할 수 없을 슬픔에 대해 현실적으로 반성하는 모습이 없다. 오늘의 보수 정치인이 침략 전쟁에 대해 '외교적' 사과를 하고 1965년 한일청구권협정으로 식민 지배에 대한 모든 배상 책임은 다 끝났다고 말하는 일본 중심의 '정치적' 혹은 '외교적' 발언과 사실상 다를 바 없다. 스즈키도 일본 중심의 '논리적' 반성은 하지만, 타자를 아프게 한 데 대한 타자 지향의 '심정적' 반성까지는 하지 못했다는 증거이다. 일본에 대해 민족주의적 감정이 앞서는 한국인에게도 문제가 없는 것은 아니지만, 기본적으로 이런 정서로 인해 한일 관계를 여전히 갈등 속에 두는 일본적 이유가 문제다.

'상(相)'을 간과하다

현실은 논리가 아니다. 단순한 가상도 아니다. 누군가, 어디선가의 깨달음에도 불구하고, 현실에서는 대지진으로 핵발전소가 폭파되어 방사능이 세계로 퍼져 나가고, 군부 쿠데타가 벌어져 수백 명이 총에 맞아 사망하며, 코로나19 바이러스로 세계대전 당시보다 더 많은 이들이 죽어 나간다. 누군가 '한소식' 한다고 해서 이런 현실이 사라지는 것은 아니다. 서로 죽고 죽이고 처절한 투쟁의 현장도 다 공(空)할 뿐이라며 '색즉시공'이라는 문장으로 흡수해 버리는 것은 위험하다. 영령을 현창만 하고 정작 죽음의 현실을 그대로 둔다면, 그것은 종교나 철학이라기보다는 그저 국가주의적 정치 행위이다. 죽임, 아픔, 연민, 괴로움 등 감성의 언어에 충실하면서 그 감성에도 차별을 두지 않는 생명 존중감에 충실할 때 선은 현실화하는 것이다.

이러한 연민과 공감은, 원효(元曉)의 삼대(三大), 즉 체·상·용(體·相·用)의 논리를 빌려 말하면, '상'의 영역에 해당한다. 결국은 체·용과 하나이지만, 깨닫지 못한 현실에서 죽음과 아픔에 대한 연민과 공감은 괴로운 일이다. '체'는 현실의 괴로움을 떠나 있지만, '상'은 그 괴로움과 연결됨으로써 괴로움을 넘어 '체'로 다가선다. '상'이 없는 '용'은 너무 쉽게 '체'와 동일시되며, 현실의 고통에 눈감는다. '상'의 논리는 체와 용, 공과 색의 단순 동일시를 교정하면서 강화시켜 준다. 괴로움을 회피한 즐거움이야말로 공허하다. 온전한 즐거움은 괴로움을 회피하지 않고 관통하며 경험된다. 이 점에서는 십자가라는 처참한 죽음의 사건을 구원의 사건으로 전환시키는 기독교적 논리와 구조적으로 통한다.

니시다 같은 불교적 철학자나 스즈키 같은 선사상가들이 천황제하의 군국주의에 기여하게 된 것은, 깨닫지 못한 이들에 의

한 역사적 현실을 깨달음의 논리로 너무 쉽게 긍정했기 때문이다. 스즈키는 '즉비(卽非)의 논리'라는 이름으로 '용'을 현실적 고민 없이 '체'와 동일시했다. 부정의 대립[非]을 긍정으로 동일시[卽]하는 '즉(卽)의 논리'에만 익숙했다.

하지만, "색과 공 자체만으로는 '즉의 논리'가 가능하지만, 현실은 '자체'의 세계가 아니다. 현실은 인식·생각·느낌 등이 (구체적) '풍토'와 연결되어 있고, 인간의 생물학적 한계에 따른 긴장감이 수반된다. '색은 공이다', '색은 공하다', '색과 공은 같다'라는 언어적, '일차적 선언'은 가능해도, '색은 공이다'라는 사실에 대한 구체적, '이차적 인식'은 늘 언어적 긴장 안에 있다. 사물 자체의 속성에 대한 직관적 설명으로는 (선)불교 이상 가는 논리가 더 없을 정도지만, 관념·개념·상상·생각·인식·설명·대화 등 일체의 '언어적' 행위로부터 자유롭지 못한 인간의 생물학적 특성상 '가상'과 '진상'(에 대한 인식) 사이에는 긴장이 있을 수밖에 없다."*

그런데 스즈키는 이러한 원리를 적절히 논리화하면서도 그것을 국내외 현실에 두루 적용하기보다는 일본의 정당화에 적용

---

* 이찬수, "'사회적 힘'으로서의 종교, 그 안과 밖", 『평화와 종교』 제13호(2022.06), 29쪽.

하곤 했다. 그러다 보니 전쟁의 희생자, 아수라장, 거짓과 폭력과 같은 구조적 폭력과 민중의 고통을 마치 가상 세계 대하듯이 간과했다. 부정을 긍정으로 전환하는 논리에 익숙한 나머지, 일본 군국주의라는 부정을 그대로 '공(空)의 역사'로 긍정하면서, 침략도 전쟁도 죽임도 무화시킨 채 결국 천황제와 군국주의도 긍정했다.

'종의 논리'와 타나베 하지메

이런 맥락에서 정토불교적 세계관을 중심으로 국가와 개인 사이에 매개를 설정해 인간적 책임을 물으려 했던 타나베 하지메(田辺元, 1885-1962)의 시도는 다소 의미가 있다. 니시다의 제자인 타나베는 니시다에 비하면 전쟁 자체를 안타까워했고 결국 패전으로 몰려가는 암울한 조국의 현실에 대해 염려가 컸다. 그러면서도 정부 정책에 가타부타 칭송도 비판도 하지 못하는 자신의 무력한 모습에서 스승의 철학적 구조와 논리도 재고하게 되었다.

그는 공(空)과 색(色), 이상과 현실을 단순히 동일시하기만 하는 즉의 논리에 대해 비판적이었다. 그러면서 공의 원리와 그 역사적 전개 과정 사이에서 '사회'라는 매개를 설정하고자 했다.

타나베는 '공즉시색'이나 '절대무의 자기한정' 개념만으로는 '즉(卽)의 논리'를 충분히 설명할 수 없다면서, '절대무'와 그 '자기한정으로서의 역사' 사이에 '매개'가 있어야만 한다고 보았다.* 개인과 국가를 단순 동일시(卽)하지 않고, 그 사이에 '사회'라는 매개를 설정해 개인과 집단, 개인주의와 전체주의를 연결시키려 시도했던 것이다.

그것이 단순한 연결이 아니라 근원적 일치(卽)가 되도록 하기 위해 개인과 국가를 상호 부정적으로 매개시키는 변증법을 시도했다. 전술한 표현을 다시 가져오면, 주체와 대상 사이에 '의지', 즉 '~하고자 함'을 '매개'로 두었던 셈이다. 실천하고자 해야' 실천할 수 있다'는 의미로 확대해서 해석해 볼 수 있다. 물론 '하고자함'과 실제로 '함' 사이에는 긴장이 있다. 그러나 하고자 하지 않으면 할 수 없다는 것도 분명하다. 어떤 '무언가'와 그 '무언가를 하는 것' 사이에 그 '무언가를 하고자 하는' 의지를 매개로 둔 셈이다.

개인과 국가, 주체와 대상 사이에 매개, 그것도 제3의 영역이 아닌, 주체이자 대상인 '절대매개'를 설정해야 이들의 동일성(卽)

---

* 이찬수, 『다르지만 조화한다 불교와 기독교의 내통』(모시는사람들, 2015), 127-128쪽 참조.

을 확보할 수 있다는 뜻이다.

그는 이것을 '종(種)의 논리'로 명명하면서, 이를 통해 일본이 '현실과 이상의 실천적 통일로서의 국가'라는 사실을 논리적으로 밝히고자 했다.* 그도 조국 일본의 정체성을 긍정적으로 해명하고 싶었던 것이다. 이것은 그의 다음과 같은 말에서도 드러난다.

> 우리가 태어난 이 일본이라는 국가를 생각해 보면 … 국가의 통제와 개인의 자발성이 직접 결합·통일되어 있다. 이것이 '내가 자랑해야 할 국가의 특색'이다.**

이때 국가의 통제가 개인의 자발성의 이름으로 작동하려면, 그 개인의 의지가 전제되어야 한다. 타나베는 인간 정신의 심층에 '인식하려는 의지(Wille zur Erkenntnis)'를 설정하고서, 그 '인식하려는 의지'가 도덕적 실천을 통해 인간적 오성과 신적 직관을 연결하는 매개로 작용할 때, 현실을 온전히 설명할 수 있다고

---

* 田辺元, 『種の論理の辨證法』(1946) = 田辺元, 『歷史的現實』(東京: こぶし書房, 2001), 76頁.
** 廣松渉, 『近代の超克論』(東京: 講談社, 1989), 217頁.

보았다. 절대무와 역사, 영원과 시간이 만나기 위한 논리를 추구하되, 절대무이기만 하면 역사를 포함할 수 없기에, 절대무가 스스로를 한정해 역사의 세계로 나타나는 데에는 사회성을 지닌 개인의 자각이 필요하다는 것이었다.*

그러나 '국가의 통제와 개인의 자발성이 직접 결합·통일되어 있는 자랑스러운 국가'라는 발언에서 볼 수 있듯이, 결국 타나베도 현실에서 횡행하는 자국 중심주의를 넘어서지 못했다. 그가 처음부터 그렇게 의도했던 것은 아니지만, 현실과 이상의 실천적 통일체로서의 국가론이 일본 중심의 아시아 지배 이데올로기가 한창 강화되던 일본적 현실과 맞물려 들어가면서, 제국주의적 팽창에 공헌하는 논리적 역할을 담당하기도 한 것이다. 이것은 타나베에게도 전체가 개체의 자기부정으로 긍정되고 개체가 전체의 자기부정으로 긍정된다고 하는 논리의 앞부분만, 즉 개체의 자기부정으로 인한 전체의 긍정 부분만 살아남은 탓이다. 타나베에게 '사회'는 원칙적으로 개체의 자기부정과 전체의 자기부정이 상즉적(相卽的)으로 매개되는 지점이었지만, 타나베도 오랜 세월 동안 '화(和)라는 이름의 동(同)'에 익숙했던

---

* 이찬수, 『다르지만 조화한다 불교와 기독교의 내통』, 136-137쪽 참조.

일본의 사회적 현실을 온전히 극복하지는 못했다. 그도 전체, 즉 국가만 당당하게 존재하는 구조를 유지하는 데 기여했다.

여전한 한계와 근본적인 과제

이런 식으로 불교를 현대 철학의 언어로 보편화하려는 사상가들의 시도는 일본정신, 즉 '화혼(和魂)'을 다지는 데는 기여했지만, 복잡하고 폭력적인 사회, 이해관계로 점철되는 국제관계, 무엇보다 생명들의 죽음과 죽임의 현실적 이유를 들여다보는데는 실패했다. 일본에서는 자신들의 오랜 정신을 '화혼'으로 명명하며 이론적으로는 개체들의 조화[和]를 전면에 내세웠지만, 그때의 '화'는 '한 그룹 내에서의 동화'이자, '외부인의 배척'에 지나지 않았다. '상화(相和)'가 아니라 사실상 '동(同)'이었던 것이다. 군국주의하의 근대 일본에서의 종교, 특히 선(禪)도 '화'를 '동'으로 변질시키면서 폭력적인 동화와 강제로서의 침략 전쟁으로까지 나아가는 데 기여했던 것이다.[*]

타나베는 물론 니시다, 스즈키 등 불교 철학에 입각해 일본적

---

[*] 김태창 편저, 조성환 옮김, 『상생과 화해의 공공철학』(동방의 빛, 2010), 53, 97-98쪽.

사유 체계를 확립하려 했던 많은 사상가들도, 비록 정도의 차이는 있겠지만, -가령 타나베는 일본중심성에 적극적으로 기여했다고까지 할 수는 없다-, 동(同)을 화(和)로 해석하게 만드는 제국주의적 정치 상황에 상당 부분 함몰되어 버린 것이다. 모든 불교도가 그랬던 것은 아니고, 정토진종이나 기독교계를 포함해 이제는 부끄러운 역사를 반성적으로 성찰하는 종교계의 흐름도 제법 있지만, 국가 혹은 천황 너머에서 그것을 창조적으로 전복시킬 수 있는 상위의 보편 논리를 충분히 확보하지 못하고 있기는 지금도 마찬가지이다. 전쟁의 희생자를 영령으로 받듦으로써 계속 영령을 만들어 내는 국가의 논리를 배후에서 지원한 역사를 온전히 반성하고, 창조적이고 혁신적인 보편의 차원을 열어 가는 일이야말로 일본 종교계의 근본적이고 여전한 과제라 하겠다.

VII.
반일과 혐한, 그 역사와
전복의 가능성

"짐은 깊이 세계의 대세와 제국(帝國)의 현상(現狀)에 비추어 비상한 조치로 시국을 수습하고자 충량(忠良)한 그대들 신민에게 고하노라. / 짐은 제국 정부로 하여금 미·영·지·소(美英支蘇) 사국에 대하여 그 공동선언을 수락한다는 뜻을 통고시켰노라. 애당초 제국 신민의 강녕을 도모하고 만방공영(萬邦共榮)의 낙을 함께 함은 황조황종(皇祖皇宗)의 유범(遺範)이자 짐이 바라마지 않는 바로서, 앞서 미·영 이국(二國)에 선전(宣戰)한 까닭도 실로 제국의 자존과 동아의 안정을 간절히 바람에서 나왔으니, 타국의 주권을 배척하고 영토를 침범하는 것과 같음은 본디 짐의 뜻에 없노라. 그러나 교전은 이미 사세(四歲)를 지내며 짐의 육해장병의 용전(勇戰), 짐의 백료유사(百僚有司)의 여정(勵精), 짐의 일억백성(一億衆庶)의 봉공(奉公)이 저마다 최선을 다했지만 전국(戰局)이 필시 호전되지는 않았도다. 세계의 대세도 우리에게 이롭지 않은 데다, 적은 새롭게 잔학한 폭탄을 사용하여 빈번히 무고한 자들을 살상하여 참해(慘害)에 미치니, 참으로 헤아리기 어려운 지경에 이르렀도다. 게다가 여전히 교전을 계속함이 종국에는 우리 민족의 멸망을 초래할 뿐 아니라, 나아가 인류의 문명마저도 파각할 것이라. 이러하다면 짐이 어찌 억조(億兆)의 아이들을 보호하고 황조황종의 신령에게 사죄하겠는가. 이것이 짐이 제국 정부로 하여금 공동선언에 응하게 하는 데 이른 까닭이니라. / 짐은 제국과 함께 종시(終始) 동아(東亞)의 해방에 협력한 여러 맹방(盟邦)에 대하여 아쉬

움(遺憾)의 뜻을 표하지 아니할 수 없도다. 제국 신민이면서 전장(戰陣)에서 죽고 직장(職域)에서 순직하고 비명에 쓰러진 자 및 그 유족에 생각이 미치면 이에 오장이 찢어지는 듯 하도다. 또한 전상(戰傷)을 입고 재화(災禍)를 겪고 가업을 잃은 자의 후생(厚生)에 이르러서는 짐이 근심(軫念)하는 바이다. 생각하건대 금후(今後) 제국이 받아야 할 고난은 애당초 심상치 않도다. 그대들 신민의 충정(衷情)도 짐이 잘 알고 있노라. 그러나 짐은 시운(時運)이 나아가고 있는 바, 견디기 어려움을 견디고 참기 어려움을 참음으로써 만세를 위하여 태평을 열고자 하노라. / 짐은 이에 국체(國體)를 호지(護持)하고 충량(忠良)한 그대들 신민의 정성(赤誠)을 신의(信倚)하여 항상 그대들 신민과 함께 있으리니, 만일 무릇 마음(情)이 격해져서 함부로 사태(事端)를 키우거나 동포를 배제(排擠)하며 서로 시국을 어지럽게 하여 대도(大道)에서 벗어나고 세계에서 신의(信義)를 잃게 되는 것과 같은 것을 짐이 가장 경계하노라. 모름지기 거국(擧國) 일가(一家) 자손(子孫)에 대대로 전하여(相傳), 신의 나라(神州)의 불멸을 굳게 믿고, 직분(任)의 중함과 길이 멂을 생각하며 장래의 건설에 총력(總力)을 기울이고, 도의를 두텁게 하고 지조를 공고히 하여, 맹세코 국체의 정화(精華)를 발양(發揚)하며 세계의 진운(進運)에 뒤처지지 않도록 기할지어다. 그대들 신민은 짐의 이러한 뜻을 잘 명심하여 지킬지어다."(1945년 8월 14일 히로히토(裕仁) 천황의 「대동아전쟁 종결의 조서」(大東亜戦争終結ノ詔書) 전문)

한국, 무시하고 싶은 나라

일본의 과거 지향적 자기중심주의는 계속되고 있다. 나아가 보수주의자에 의한 우경화도 계속되고 있다. 물론 우경화는 일본만이 아닌, 거의 전 세계적인 현상이다. 주로 경제적 압박감 속에서 자기 집단, 자기 민족 중심주의를 선택한 이들이 우경화를 주도한다. 상대 국가와 소통이 비교적 자유로웠던 유럽에서 조차 정치적 혹은 경제적 난민을 거부하는 흐름이 생겨나고 있다. 주로 우익 집단이 그런 흐름을 주도한다.

일본도 세계 2위 경제 대국의 자리를 진작에 중국에 내주고, 한국과의 격차도 급격히 줄어들면서, 과거의 영화를 더 꿈꾸는 우익이 주류를 이룬다. 일본이 마치 서구의 한 나라인 것처럼 생각하던 수십 년 전에 비하면 아시아에 대해 관심이 커졌지만, 이것은 역설적으로 아시아 전역에서 일본의 영향력이 예전만 못하다는 반증과 같다. 한국을 무시하고 중국을 적대하는 방식으로 자신의 우월감을 유지하면서 예전의 독보적 위치를 회복하려 한다. 다시 일본의 세계적 영향력을 확장시키고 싶어 하는데 생각만큼 잘 안 된다. 그럴수록 우경화도 더 진행된다.

이 책의 맨 앞에서 보았듯이, 일본의 우익에게 한국은 잊을 만하면 과거를 들추는 걸림돌처럼 여겨진다. 이들에게 과거는 되살리고 싶은 향수지만, 한국인은 자신들의 과거를 폭력이자 수치처럼 몰아간다. 게다가 이들이 볼 때 한국인은 자신들과 했던 일종의 국가 간 약속(가령 1965년 한일청구권협정, 2015년 위안부 문제에 관한 한일 정부 합의문-이에 대해서는 이 장의 후반부에 살펴보겠다)을 단박에 무시하는 나라다. 나아가 일본으로 인해 한국이 받은 상처에 대해 사과를 했는데도(가령 1998년 10월, '21세기의 새로운 한일 파트너쉽 공동선언', 일명 '김대중-오부치 선언' 과정에 오부치 게이조 일본 총리가 '통절한 반성과 마음으로부터의 사과'라는 말을 하는 등 지난 수십 년에 걸쳐 일본 정치인들이 여러 차례 사과한 바 있다) 계속 사과와 배상을 요구하는 믿을 수 없는 존재이다. 그러다 보니 이들은 대체로 반한(反韓) 혹은 혐한(嫌韓) 정서를 지닌다. 도쿄의 한인 밀집 지역인 신오쿠보 거리에서는 "조선인은 일본을 떠나라."라는, 일본 극우 단체의 혐악한 목소리가 종종 들려온다. 일본의 보수 정치인도 비슷한 정서를 지니고 있다. 정무적 감각을 가지고 외교적 파장을 의식하기 때문에 노골적인 표현을 하지 않을 따름이다.

이런 역사적 흐름이 여전하고 중앙 정치에 대해 국민적 관심도 약하다 보니 정권도 잘 바뀌지 않는다. 패전 이후 공식적으로는 천황제가 폐지되고 '상징 천황'으로 남았지만, '메이지의 그늘'을 이어 오고 있는 자민당 중심의 정치적 분위기는 쉬 바뀌지 않는다.

패전(일본의 관례적 표현으로는 종전) 이후 한국전쟁과 베트남전쟁의 특수를 누리면서 1980년대까지 승승장구하던 경제가 1990년대 이후 정체되고 거품도 꺼지면서 사실상 퇴보해 가자 2009년에 역사상 처음으로 정권이 민주당으로 교체된 적이 있다. 하지만 민주당은 이내 수권 정당으로서의 한계를 드러냈고, 일본인의 정치적 정서는 3년 만에 원위치로 돌아왔다. 바로 자민당 체제가 되었고, 자민당은 천황제 이후 일본의 오랜 보수 정권의 역사를 계승해 오고 있다. 일본은 사실상 중앙 권력의 전복이 어려운 나라라는 뜻이다. 이것은 메이지 정부 이래 진행되어 오고 있는 천황제의 그늘이기도 하다.

더욱이 자민당 안에서도 강경한 '보수방류'의 핵심인 아베 신조(安倍晋三, 1924-2022)가 7년 8개월에 걸쳐 총리를 한 뒤, 스가 요시히데(菅義偉)로 총리가 바뀌었지만, 한국에 대한 정치적·외교적 정서는 언제나 강경했다. 스가 이후 일 년도 안 되어 기시다

후미오(岸田文雄) 총리가 들어섰고, 기시다가 상대적으로 덜 우익적이라는 평가도 있었지만, 구조적으로 보수 흐름에서 벗어나기는 힘든 상황에 있다. 총리가 몇 번 바뀌었고 또 바뀐다 해도 대(對)한반도 정책은 별로 바뀌지 않을 것이라는 뜻이다. 앞에서 본 대로 일본의 자민당 정권에는 과거의 영화에 대한 일본인의 향수가 상대적으로 더 강하게 흐르고 있기 때문이다.

무시와 혐한, 그리고 '일본회의'

일본의 우익이 반한(反韓) 정서를 지니는 것은 일본 역사와 문화의 필연적인 산물이다. 한국에 반일(反日) 세력이 많은 것과 동전의 양면 관계라고도 할 수 있다. 일본은 가해자라는 한국인의 목소리는 도리어 일본 우익의 반발심을 자극하면서, 옛 일본의 행보는 서양의 침략에서 동아시아를 구하고 '대동아 공영권'을 확보하기 위한 것이었다는 의식으로 이어간다. 그 과정에 생겨난 피해에 대한 한국인의 비판은 더 큰 의도와 목적을 보지 못하는 약소국의 투정처럼 여긴다. 일본 보수 정치인에게 한국인의 비판은 일본의 영향력을 세계로 확장시키는 데 걸림돌과 같다. 게다가 한국은 국가 간 합의 혹은 국제법도 잘 지키지 않는 믿을 수 없는 나라라는 인식은 다시 반한 혹은 혐한 정서를 정당화시키는 근거가 된다. 나아가 아예 관심을 끊고 싶은 나라이기도 하다.

근본적인 문제는 많은 일본인이 한국 등 이웃 국가가 겪은 상처를 별로 실감하지 못하고 있다는 데서 발생한다. 20세기의 일본 역사를 객관적으로 공부해보지 않은 탓이 크다. 그리고 일본의 우익에게는 메이지 시대 이래 국가화한 제사 문화와 그에 따른 군사주의적 팽창이 무의식적으로 체화되어 있다시피 한 탓이기도 하다. 이것은 오늘도 비록 군국주의까지는 가지 않더라도 일본인 대다수가 의식하지 못한 채 '영혼의 정치' 또는 '제사의 정치'적 역학 안에서 살아가고 있는 것과 연결된다. 이렇게 일본의 보수는 문화화한 '종교적 정치' 혹은 '정치적 종교'의 정서를 유지해 오고 있다.

이러한 정치적 흐름을 아래로부터 좌우하고 있는 세력 중의 하나가 '일본회의(日本会議)'이다. 일본회의는 보수적 자민당 정권에 물적 · 정신적 동력을 제공해 온 일본 우익 정치의 막후 세력이다. 일본회의는 외형상으로는 4만여 명 회원들의 회비로 움직이지만, 이 단체의 실질적 동력은 1930년에 창설된 신종교

세이초노이에(生長の家)와 같은 곳에서 많이 제공했다.* 이 종단
은 현행 헌법을 개정해 천황제를 과거의 수준으로 부활시키고
국방을 강화하며 애국주의와 전통적 가족관에 따른 교육을 촉
진하는 운동을 벌인다. 정치적 차원에서 대단히 일본 중심적인
관점과 지향점을 가지고 있다. 이런 분위기에 영향을 받고 있는
일본회의에는 일본적 정신의 기원인 이세신궁이나 군국주의의
정신적 근간인 야스쿠니신사 같은 거대 신사들의 자금도 들어
가고 있다고 한다. 일본의 오랜 종교적 정서가 일본회의를 움직
이는 근본적인 동력으로 작용하고 있는 것이다.

　이 단체는 극우적이라 할 수 있을 정치 행보를 보인다. 분단
과 전쟁을 깊이 경험한 한국 보수 개신교인들이 신앙과 정치적

---

* 일본회의의 역사적 토대에는 '세이초노이에'(생장의 집, 生長の家)와 같은 종교가 놓
여있다. '세이초노이에'는 다니구치 마사하루(谷□雅春, 1893-1985)가 불교철학의
근간인 유식(唯識)사상에 기독교·이슬람 등의 세계관과 심리학까지 결합시켜 모
든 종교는 결국 하나라는 관점을 가지고 1930년도에 창설한 신종교다. 일본 제국주
의 시절 일본정신의 현현을 호소하며 군부의 전쟁 수행에 적극 협력하면서 전후 신
자가 이삼백만 명에 달하기도 했다. 헌법을 개정해 천황제를 과거의 수준으로 부
활시키고 애국주의와 전통적 가족관에 따른 종교교육을 촉진하려 한다. 1964년에
'세이초노이에 정치연합' - 약칭 세이세이렌(生政連) - 을 조직하여 정계 진출을 도
모했으며, 이 단체 출신들과 메이지신궁(明治神宮), 도미오카하치만궁(富岡八幡宮
) 같은 국가주의적 신사의 신관(神官)들이 결합해 1974년에 '일본을 지키는 모임'을
만들었다. 1997년도에 이 '모임'과 헌법을 개정하고 일본의 핵무장을 요구하는 '일
본을 지키는 국민회의'(1981~)가 결합한 일본 최대의 우익단체가 '일본회의'다. 자
세한 내용은 아오키 오사무, 이민연 옮김, 『일본회의의 정체』(서울: 율리시즈, 2017)
참조

반공주의를 거의 동일시하다시피 하는 것과 비슷한 구도라고 할 수 있다. 한국의 극우 기독교인과 그를 후원하는 세력이 주로 보수 종교인(개신교)이듯이, 앞 각주에서 정리한 대로 일본회의의 기초에도 상당 부분 종교적 세계관이 놓여 있다. 이들은 자신들의 목적에 부합하는 국회의원 후보들 중 당선 가능성이 있는 사람들을 집중적으로 지원하는 방식으로 옛 '제사의 정치학'이 추구한 강한 일본의 부활을 꿈꾼다. 아베 신조 전 총리나 아소 다로 부총리 등이 그 산하 단체인 '일본회의 국회의원 간담회'의 고문이었다.*

  이런 식으로 일본의 정치는 상당 부분 일본회의의 지원을 받아서 국회의원이 되고 자민당도 돌아가기에 우익 정치가들에게는 무시할 수 없는 세력이다. 일본 현 내각의 기본 정서도 그렇거니와 많은 국회의원들이 일본회의의 영향력 하에 있다는 점에서 일본은 여전히 '종교적 정치' 시스템이 지배하고 있는 나라다. 자민당과 연립 여당을 구성하고 있는 공명당이 불교계 신종교인 소카갓카이(創價学会)의 지원을 받아 만들어졌다는 데서도 비슷

---

* 이 '간담회'는 일본회의에 협력하기 위한 국회의원 모임으로서, 가령 2019년 9월에 출범한 아베 정권 제4차 내각의 각료 20명 가운데 15명이 이 간담회의 회원이었고, 2020년 스가 내각과 2021년 기시다 내각에서는 14명이 간담회 회원이었다. 총리가 바뀌어도 거의 달라지는 것이 없다는 뜻이다.

한 종교와 정치의 역학 관계를 읽을 수 있다.

「일본국헌법」, 패전의 상징

이들 보수적 애국주의자에게 일본의 현 헌법은 패배의 상징
과도 같다. 오늘날 「일본국헌법」은 "전쟁을 포기하고 군대를 보
유하지 않으며 모든 교전권을 행사하지 않는다."라는 제9조의
내용 때문에 이른바 「평화헌법」으로 불린다. 전문에서도 평화
에 대해 반복해서 강조한다. "전 세계의 국민이 모두 공포와 결
핍을 면하고 평화롭게 생존할 권리를 가짐을 확인한다."라고 하
면서 평화를 권리로 천명하고 있다.

이런 내용은 패전 후 수상이었던 시데하라 기주로(幣原喜重郎,
1872-1951)가 제안하고 동북아 질서를 재형성하려는 맥아더가 그
제안에 타협하며 만들어진 것으로 알려져 있다. 1946년 11월 3
일 공포돼 이듬해인 1947년 5월 3일부터 시행된 이 헌법은 객관
적인 안목으로 보면 간결하면서도 긍정적인 가치가 적절히 반
영된 것으로 평가받고 있다.

하지만 이 헌법은 태평양전쟁의 책임을 천황에게 묻지 않는
대신에 일본은 무장 해제 하겠다는 취지로 만들어진, 일본 보수
주의자의 입장에서는 굴욕적 사건의 상징과도 같다. 겉으로는

1945년 8월 14일 히로히토 일본 천황이 사실상 항복을 의미하는 선언문(대동아전쟁 종결조서)을 발표한 뒤 같은 해 9월 2일 외무대신 시게미쓰 마모루가 미국 전함 USS 미주리(BB-63)호에 탑승해 천황과 일본 정부를 대신해 항복문서(INSTRUMENT OF SURRENDER)에 서명했다. 일본은 미국이 주도하는 연합군 지배체제로 들어갔고 천황이 전범이 되는 것을 피하기 위해 일본은 향후 전쟁을 포기한다는 내용을 담은 '평화헌법'을 맥아더와 타협해 공포했다. 시게미쓰 일본 외무대신(앞줄 오른쪽에서 두번째)의 서명 장면.
(Public Domain, https://en.wikipedia.org/wiki/File:Mamoru_Shigemitsu_signs_the_Instrument_of_ Surrender,_officially_ending_the_Second_World_War.jpg)

평화 지향적 성격을 띠고 있지만, 그 내면을 보면 일본의 「평화 헌법」은 패전의 증거물이다. 그런 까닭에 일본의 영향력을 다시 세계로 확장시키려면 패전의 상징과도 같은 헌법을 개정해야 한다는 심정적 논리가 여기서 나오는 것이다.

아베 신조 전 총리는 현행 헌법이 '법률도 잘 모르는 연합군 총사령부(GHQ) 소속 젊은이들에 의해 불과 열흘 남짓 만에 씌어진 것'이라며 "「일본헌법」은 일본인의 손으로 다시 만들어야 한다."라고 주장했고, 현행 헌법은 '패전국 일본이 승전국에 제출한 반성문'과 같으니 일본인이 다시 제정해야 일본이 진정한 독립국이 된다는 것이었다. 특히 헌법 9조를 개정해 군대를 가진 '보통 국가'로 가야 한다는 것이 아베 부류 정치인의 일관된 주장이었다. 정상적으로 군대를 보유해 유사시에는 전쟁이 가능한 나라로 가야 한다는 것이었다. 이것을 '적극적 평화주의'라는 모순된 말로 표현하기도 했다. 정치 · 외교적 영향력을 확대해 일본 중심적 국제질서를 만들어가겠다는 전략이었다. 옛 '대동아 공영권'의 전략과도 구조적으로 비슷하다고 할 수 있다.

한국은 이런 전략의 그 숨은 목적을 적나라하게 경험해 본 역사적 현장이라는 점에서 과거의 침략 사실을 외면하려는 우익과 그 계승자에게는 한국은 걸림돌이다. 이것은 우익이 주도하는 현재 일본 정치가 한국 및 중국과 친해질 수 없는 근본 이유를 잘 보여준다. 그리고 더 심층으로 들어가면, 현 일본이 옛 가해의 역사를 반성하기 힘든 문화적 이유와도 연결된다.

한국과는 다른 '하늘'

전쟁 이후 일본은 천황제를 전통과 상징의 영역으로 남겨 두고 미국식 '대의 민주주의' 체제로 전환했다. 정권의 잘잘못에 따라, 국민의 지지 여부에 따라 정권이 교체되기도 하는 것이 대의 민주주의 체제의 특징이지만, 전술했듯이 전후 일본은 실질적으로 정권이 교체되어 본 적이 없다.

천황제의 그늘은 여전히 계속된다. 이 책의 주제이기도 하듯이, 일본의 정치·사상·문화 등을 거슬러 올라가면 그 정점에서 천황을 만나게 된다. 패전 이후 천황의 '인간 선언'이 이루어진 뒤에도 일본에서는 천황 '너머'의 세계라는 것에 대한 상상을 별로 해 보지 않았다. 제5장의 '오오야케(公)' 개념에서 보았듯이, '하늘의 황제[天皇]' 너머에는 딱히 무엇이라 할 만한 것이 없다.

'하느님이 보우하사 …'라는 한국의 애국가 가사에서와 같은 일반적인 '하늘' 신앙이 일본인에게는 없거나 약하다. 한국의 기성세대가 여전히 사용하는 탄식어 "하늘도 무심하시지….", "하늘이 무섭지 않느냐."라는 경고성 발언 같은 것이 드물다. 이것은 한국인이 '하늘'을 세상에 관여하는 초월적 인격자처럼 생각한다는 뜻일 수도 있고, 인간적 양심과 도덕의 근원 혹은 진실의 대명사처럼 여기는 증거로도 볼 수 있다. 한국인에게 하늘은 물리적 공간의 차원을 넘어 종종 세계적 상황과 개인적 실존의 이유를 설명하는 근원이 되기도 한다. 단군신화가 하늘(天神) 신앙을 기반으로 하고 있고, 근대 종교의 선도 역할을 한 동학(東學)이 "한울님을 모신다."라는 '시천주(侍天主)' 사상을 근간으로 발흥한 데서도 잘 볼 수 있다. 한국인의 하늘 정서는 큰 틀에서 한국적 종교와 세계관의 근간에 놓여 있다.

그러면서도 한국인의 '하늘'은 추상성이 다소 강하고 범위도 넓어서 저마다 다양하게 해석할 가능성에 열려있는 세계이기도 하다. 이에 비해 일본어의 텐(天)은 상대적으로 좀 더 구체적이다. 天氣(텐끼, 날씨)처럼 공간의 의미가 강하거나, 天道(텐도)처럼 자연법칙의 의미가 부각되는 낱말이 많다. 天命(텐메이)나 天罰(텐바츠) 같은 전통적인 언어들도 한국어에 비하면 그 어감이 더 구체적이다. 한국어의 '하늘'에 담긴 보편적 가치, 도덕의 근원 같은 추상적 힘은 덜 느껴진다.

이것은 한국인에게는 너무나 친숙한 윤동주의 「서시(序詩)」 첫 구절의 일본어 번역에서도 드러난다. '죽는 날까지 하늘을

우러러…'를 일본어로는 '死ぬ日まで空を仰ぎ…'로 번역한다.*
'하늘'을 '텐(天)'이 아닌 '소라(空)'로 번역한 것이다. 한국인 김시
종의 편역본에서는 '死ぬ日まで天をあおぎ…'라며 '天'이라는
말을 사용했지만, 책 제목에는 여전히 '空'을 사용했다.** 하늘을
양심 혹은 도덕의 원천처럼 생각하는 한국적 정서에 딱 맞는 어
휘를 찾기가 애매하다는 뜻이다. '天(텐)'으로 번역하자니 '天皇
(천황, 텐노)'의 '天' 이미지와 연결되기도 하고, '空(소라)'로 번역
하자니 창공과 같은 물리적 공간의 의미가 더 다가온다. 일본의
기독교에서는 윤동주의 '하늘'을 '天(텐)'으로 이해하고 표현하
지만, 보통 일본인의 정서와 동일하다고 보기는 어렵다. 한국식
'하늘'에 어울리는 단어를 찾기가 쉽지 않고 하늘 신앙이라 할
만한 정서가 상대적으로 약하다. 天(텐)보다는 空(소라)가 일본
적 정서에 더 잘 어울린다는 뜻이다.*** 이것은 한국에 비해 일본
에 기독교인이 적은 이유와도 연결된다.

* 尹東柱, 上野都 譯, 『空と風と星と詩: 尹東柱詩集』(コールサック社, 2015).
** 尹東柱, 金時鐘 編譯, 『空と風と星と詩: 尹東柱詩集』(岩波文庫, 2012).
*** 이때 '소라(空)'는 엄밀히 따지면 '허공', '창공'에 가깝지, 한국에서 사용하는 것과 같
   은 상위의 추상적 원리, 보편적 진리, 도덕이나 양심의 원천 같은 것과 연결되는 정서
   는 상대적으로 약하다. 기독교인 윤동주가 표현하고자 했던 '하늘'과는 다소 거리가
   있다. 이렇게 '천' 혹은 '하늘' 신앙이 약하다는 말은 최상의 정치 권력을 전복시킬 수
   있는 초월적 권위가 일본 민중의 정서에는 약하거나 없다고도 할 수 있다는 뜻이다.

신도의 '그늘'과 일본 기독교

일본에 기독교(가톨릭, 개신교)는 한국보다 훨씬 앞서서 전해졌지만 신자 수는 상대적으로 미미하다. 가령 일본 인구 1억 2,500만 명 중에 가톨릭과 개신교를 다 합한 기독교 신자 수는 100만 명 남짓이다. 5,100만 인구 중에 기독교인(가톨릭+개신교)이 천만 명이 훨씬 넘는 한국의 상황과는 많이 다르다. 일본에서 기독교가 자리를 못 잡은 이유를 양적이고 역사적인 차원에서 보면 센고쿠(戰國)시대 기독교를 강력히 제재하고 탄압하던 영향이 크지만, 질적이고 문화적인 정서의 차원에서 보면 기독교적 신앙의 근간이라고 할 수 있을 '하늘' 정서가 약한 탓이기도 하다.

자신의 신앙이 기존의 그 어떤 것보다 상위에 있거나 더 보편적이라는 신념이 기독교적 선교의 동력인데, 구체적 현실 너머혹은 초월적 세계에 대한 상상이 상당수 일본인에게는 낯설다.일본에서는 '천(天)' 관념보다는 신도(神道)를 통해 전승되어 오는 구체적 정령으로서의 '가미(神)' 개념과 조상(선조)숭배 전통이 더 강하다.

기독교 신앙의 대상인 신(God, 하느님)도 신도식 '가미(神)'에 존칭어를 붙인 '가미사마(神樣)'로 명명하고 받아들이다 보니, 기독교의 신이 여러 신들 가운데 하나라는 선입견에서 자유롭기 힘들고, 사물에 내재된 정령 같은 구체적 존재 이상으로 확장해 상상하는 것이 한국에 비해 더 어려운 구조다. 현실적으로 힘이 더 센 존재를 숭배하는 경향이 한국보다 강하다. 이것은 일본인이 한국인에 비해 더 현실 지향적이라는 뜻이기도 하다.

엔도 슈사쿠(遠藤周作, 1923-1996)는 소설 『침묵』에서 페레이라 신부의 입을 빌려 일본인의 정서에 대해 이렇게 말했다: "일본인은 인간과는 전혀 다른 하나님을 생각할 능력을 갖고 있지 않아. 일본인은 인간을 초월한 존재를 생각할 힘도 가지고 있지 않아. … 일본인은 인간을 미화하거나 확대시킨 것을 신이라 부르고 있어. 인간과 동일한 존재를 가진 것을 신이라고 부르지."* 일본에 기독교(가톨릭)가 전해지던 초기에 상당수 신자들이 생겨났지만, 그들 상당수는 서양식 초월자 또는 절대자로서보다는, '그들만의 신들'**을 믿었다는 것이다.

이 '그들만의 신들'은 인간의 범주를 크게 벗어나지 않는다. 신도(神道) 분위기 안에서 전승되어 온 정령들의 확대판에 가깝다고도 할 수 있다. 마루야마 마사오에 의하면, "신도는 이른바 세로로 두리뭉실하게 퍼진 포대 자루처럼, 그 시대마다 유력한

---

* 엔도 슈샤쿠, 공문혜 옮김, 『침묵』(홍성사, 1982), 183-184쪽.
** 엔도 슈샤쿠, 『침묵』, 181쪽.

종교와 '습합'하여 그 교의 내용을 담아 왔다." 기독교처럼 초월적이고 보편적인 세계는 일본에서 잡거적(雜居的)인 하나의 형태이며, 신도의 무한 포용성이 일본의 사상적 전통을 집약적으로 표현한다는 것이다.＊ 일본인이 기독교를 수용한다고 해도 실제로 드러나는 것은 그 근저에 있는 신도라는 것이다.

한국인이 나무나 짐승 같은 자연물을 있는 그대로 인식하는 측면이 있는 데 비해, 일본인은 그 속에 들어 있는 정령 같은 것을 연상하고 관련된 상상을 더 많이 한다. 그래서 자연물을 더 잘 관리하는 경향이 있다. 가령 분재나 일본식 정원은 자연물이되 정교한 인공적 자연물이다. 유명한 일본 애니메이션의 상상력의 원천도 상당 부분 이런 정령신앙에 있다. '하늘', '하느님'처럼 관념적이고 추상적이면서 구체적 사물의 힘을 전복시키는 보편 세계에 대한 인식이 상대적으로 약하다.

조선의 유교가 관념적 성향이 강한 성리학(주자학)에 집중한데 비해, 일본 유교가 지행합일(知行合一)을 내세우며 구체적 실천을 중시하는 양명학을 더 많이 다루었던 것도 상위의 추상적 하늘의 세계보다는 구체적 현실과 사물의 세계에 더 익숙한 일

＊　丸山真男, 『日本の思想』(東京: 岩波書店, 1996(64刷)), 20-21頁.

본의 정서적 혹은 문화적 상황을 보여준다.

이것은 구체적으로 보이는 사물과 영혼의 세계의 정점인 천황 및 천황제에 기반해 형성된 오늘의 수직적이고 보수적인 정치문화를 전복시킬 논리가 상대적으로 약하다는 뜻이다. 일본인의 공·사(公·私, 오오야케·와타쿠시) 개념에서 보았던 것도 이와 통한다. 이런 것들은 한편에서 보면 일본이 기존의 사회적 흐름을 존중하며 질서를 훨씬 더 잘 잡아 가는 이유이기도 하고, 다른 한편에서 보면 기존의 정치권력이 잘 교체되지 않는 이유이기도 하다. 그리고 일본적 오류의 원천을 공식적으로 확인하기 어려운 이유이기도 하다.

기존의 정체성을 이어 오기에, 즉 과거의 사건도 그보다 더 과거의 연장이기에, 그리고 더 거슬러 올라가면 천황 및 그 계보와 연결되기에 과거의 잘못은 잘못이 아니거나, 설령 잘못이라해도 잘못을 공식적으로 인정할 계기와 주체를 확보하기 힘들다. 그래서 한국인의 눈에 일본은 과거의 잘못을 사과하지 않는 나라로 비춘다.

하지만, 그와 반대로 일본인의 눈에 한국은 약속을 지키지 않고 과거사만을 들추며 과도한 요구를 하는 나라다. 전술한 바 있듯이, 이미 사과했는데도 또 사과하라라며 우기는, 신뢰하기 힘든 나라이기도 하다. '한일기본조약'에 대한 해석에서 그런 인식의 차이를 잘 볼 수 있다.

'한일기본조약', 그 상이한 해석

한국은 6 · 25전쟁 중이던 1951년부터 일본과 국교 정상화를
위해 회담을 해 왔다. 14년이 지난 1965년 6월 22일 '한일기본조
약'을 타결 지으면서 일본으로부터 3억 달러의 무상자금과 2억
달러의 정부차관(3억 달러의 상업차관 별도)을 '독립축하금' 명목으
로 받았다. 그러면서 아래와 같은 내용에 합의했다.

> 양 체약국은 양 체약국 및 그 국민(법인을 포함함)의 재산, 권리
> 및 이익과 양 체약국 및 그 국민 간의 청구권에 관한 문제가
> 1951년 9월 8일에 샌프란시스코시에서 서명된 일본국과의 평
> 화조약 제4조 (a)에 규정된 것을 포함하여 완전히 그리고 최종
> 적으로 해결된 것이 된다는 것을 확인한다.(한일청구권협정 제2
> 조 1항)

문제는 '청구권'의 내용이 무엇인지 세부적으로 밝히지 않았
다는 것이다. 제2차 세계대전 승전 연합국이 패전 일본국과 전
후 처리 문제를 합의한 '샌프란시스코조약'에서는 일본과 피식

민 국가 간 재산, 채무 문제 등을 당국자들 간 협의의 대상으로 남겨 놓은 바 있다. 그 조약에 따라 한국과 일본은 국가와 국민 간 청구권의 문제를 협의했고 이 문제가 위 협정문에서처럼 '완전히 최종적으로 해결'되었다고 선언했다.

하지만 청구권의 내용과 관련해 두 나라의 인식 차이가 확연히 드러나는 일이 발생했다. 그것은 일제강점기에 일본 기업에서 일했다가 임금을 받지 못한 한국인이 한일기본조약 타결 이후에 그 임금을 돌려 달라고 일본 측에 요구할 수 있는가 하는 문제였다.

이와 관련해 한국의 경우 이명박 정부 시절 고등법원에서 개인이 개인에 대해서, 개인이 기업에 대해서 받지 못한 임금에 대해 손해 '배상'을 요구하는 행위는 정당하다고 판단했다. 하지만 박근혜 정부는 일본과의 관계가 악화될 것을 우려해 이와 관련한 대법원의 최종 판결을 미루어 두었다. 그러다가 문재인 정부 들어 개인의 배상 요구는 정당하다는 최종 판결을 내리기에 이르렀다.

그러나 일본의 최고재판소(한국의 대법원)는 한일기본협정에 의거해서 개인의 청구권은 인정되지 않는다는 판결을 이미 내린 바 있다. 일본 정부는 한국 대법원의 판결이 법적 판단이 아니라 정치적 판단이라고 간주했다. 모든 것은 한일청구권협정으로 진작에 마무리되었는데 한국이 국내 정치적 이유로 뒤집으려 한다는 것이었다.

그와 달리 한국의 법원은 식민 지배 청산과 관련하여 국가 단위에서 '보상'은 받았지만 개인 단위의 '배상' 책임은 여전히 남아 있다는 입장이었다. 보상(補償)이 적법한 일을 하다가 손해를 입힌 경우에 갚아야 할 대가라면, 배상(賠償)은 불법적인 일에 따른 손해를 마땅히 물어 주는 대가이다. 일본은 이른바 독립축하금까지 제공하며 마무리했던 한일청구권협정에 모든 것이 담겨 있다는 입장을 일관되게 견지하는 데 비해, 한국은 개인 단위의 배상까지 이루어진 것은 아니라고 생각한다는 차이가 명확했다.

이러한 미묘한 차이가 공존하던 2015년 12월 29일, 양국의 외교담당 장관들이 '일본군 위안부 피해자 문제'를 '최종적이고 불가역적으로 해결'한다는 이른바 '위안부 합의'를 전격 발표했다. 그러자 한국에서는 곳곳에서 반대의 목소리가 높아졌고 반일 감정도 다시 고조되었다. 직접적 피해 당사자인 '위안부 할머니들'을 제외한 정부의 일방적 선언은 무효라며 양국의 밀실 협약을 비판했다. 급기야 한국정부는 이 합의를 다시 파기하는데 주도적 역할을 했다.

이와 달리 일본에서는 한국은 정부 간 약속을 뒤집는, 상대할

수 없는 나라라는 혐한 인식이 더 커졌다. 나름 사과와 배상의
자세를 표명했는데도,* 양국 대표자들의 합의 과정을 다시 무시
하는 한국에 대한 불신도 확대되었다. 더욱이나 싫든 좋든 중앙
권력의 결정을 인정하는 문화가 한국보다는 큰 일본인의 시각
에서 보면 한국의 정치 상황과 한국인의 반일 정서는 더 이해하
기 힘들다. 한국에 대해서는 아예 관심을 끊어야 한다고 생각하
는 이들도 많다. 일본인에게, 특히 정치적 보수 성향을 지닌 일
본인에게 한국은 혐한 감정을 넘어 아예 무시하고 싶은 나라이
기도 하다.

　이런 식으로 한일 관계가 계속 꼬이는 데에는 정치문화적 입
장과 정서의 차이가 놓여 있다. 일본 사람들은 어떤 형식으로든
한번 정해진 것을 따르려는 경향이 있는 데 비해 한국 사람들은
마음에 들지 않으면 기존의 결정에 대해서도 저항하는 경향이
있다. 이것은 일본이 비교적 안정적인 사회인 데 비해 한국은
상대적으로 불안정한 사회라는 뜻도 된다.

---

* 이 합의문에는 '일본 정부(아베 총리)가 책임을 통감하고 상처를 입은 모든 분들에
게 사죄와 반성의 마음을 표명'하며, '일본 정부가 예산(10억엔)을 출연하고 한국정
부가 전(前) 위안부분들의 명예회복과 상처치유를 위한 재단을 설립한다'는 내용이
들어 있었다. 그리고 이런 사항을 착실히 실시한다는 전제 하에 이 문제가 최종적
이고 불가역적으로 해결될 것임을 확인한다는 공통의 합의 사항을 담았다.

우리의 주제와 관련하여 중요한 것은 일본의 이러한 안정감의 이면이다. 사회적 안정감이라는 것은 다른 한편에서 보면 국민이 국가와 권력에 대해 다소 종속적이고 수동적이라는 뜻이기도 하다. 국가와 권력이 하향적으로 확산시킨 정책의 연장, 즉 '메이지의 그늘'이 여기서도 드러난다고 할 수 있다.

'떠오른 국가'와 '버려진 국민'

이러한 '그늘'을 강상중의 『떠오른 국가와 버려진 국민: 메이지 이후의 일본』(2020)에서도 확인해 볼 수 있다. 이 책의 핵심은 제목 그대로 메이지 이래 일본이라는 '국가'는 강력했지만 '국민'은 국가 안에 함몰되었다는, 한마디로 '버려졌다'는 것이다. 그는 말한다: "이곳에서는 살아 있는 인간이 보이지 않는다. 그저 무기질적 권한과 규칙, 관행만 남아 있을 뿐이다. ··· 일본은 마치 국가를 위하여 국민이 존재하는 것처럼 도착된 상태였다. 국민 없는 국가주의만 팽창했다."[*]

이것은 어제오늘의 일이 아니다. 메이지 시대 '화혼양재'를 기

---

[*] 강상중, 노수경 옮김, 『떠오른 국가와 버려진 국민: 메이지 이후의 일본』(사계절, 2020), 214쪽.

치로 내걸었을 때 이미 시작된 일이라고도 할 수 있다. 간단히 전술한 대로, 화혼양재라는 말은 '일본적 정신[和魂]으로 서양적 기술[洋才]을 받아들인다'는 뜻이지만, 강상중은 이것을 서양적 지식과 기술에 목적과 가치를 부여하는 행위 자체가 사실상 '일본적 정신'이었다고 해석한다. 서양식 문명화가 그대로 화혼의 증거였기에, 아이누(홋카이도)·조선·대만이라는 '야만인'을 점령해 일본식으로 '문명화'시키는 행위도 대단히 '화혼적'이었다. 그렇기에 일본의 서양식 문명화 및 그에 근거한 군국주의화 자체에 대한 내부적 비판은 애당초 불가능했다는 것이다.*

관료들은 화혼을 기계처럼 충실히 수행했다. 이들에게 화혼은 마치 상징적인 권력과 같았고, 그 권력이 사실상 일본적 정체성, 즉 '국체'였으며, 이들이 이 국체를 짊어지고 나아갔다. 강상중에 의하면, 이들 "관료는 화를 낼 줄도, 미워할 줄도 모르는 정교한 기계처럼 행정을 처리했다". 기술이라는 문명을 짊어진 '인텔리'는 관료 사회를 바꾸지 못한 채 이러한 화혼의 바깥쪽 하위 집단으로 머물렀다.** 이런 분위기는 황국의 신민 전반에 그늘을 드리웠고, 국민은 국가를 넘어서지 못하는 하위의 존재

---

* 강상중, 『떠오른 국가와 버려진 국민: 메이지 이후의 일본』, 216쪽 참조.
** 강상중, 『떠오른 국가와 버려진 국민: 메이지 이후의 일본』, 215쪽.

로 내몰렸다.

　이런 맥락에서 보면, 일본이 '한일기본조약'(1965)이나 '위안부 합의'(2015)에서 강제징용 문제나 위안부 문제가 전부 해결되었다고 내내 강조하는 것은 그저 정치적 전략이나 술수만이 아니다. 근원적으로는 오랜 세월 국가 중심적이었던 일본적 정서의 연장이라고 할 수 있다. 일본은 국가 단위의 협약을 중시하며 이것을 번복할 명분을 찾기 힘든 나라인 만큼, 국민도 국가 간 합의는 불편해도 감수해야 한다는 정서가 강하다. 강상중의 표현을 빌려 오면, '국민' 보다 '국가'와 '국가주의'가 상위에 있던 일본적 '공기'(야마모토 시치헤이의 표현, 이 책 제2장 참조)의 자연스러운 반영일 수 있는 것이다.

　이런 현실을 일단 인정할 필요가 있다. 한일 관계의 역사에서 당장 무엇이 옳고 그른지부터 따지는 일은 기왕에 얽힌 관계를 더 꼬이게 만든다. 옳고 그름, 아픔과 치유의 문제는 장기간에 걸쳐서 양국 국민이 서로를 차근차근 이해하며 두고두고 해결해 가야 할 과제다. 싫든 좋든 한국인은 일본의 이러한 현실을 인정하고서 양국 간 공감대를 찾기 위해 장기적으로 노력을 기울여야 한다. 배타적 감정이 아니라 가능한 사실 관계에 입각해 일본에 대해 공부해야 한다. 일본의 문화적 문법과 역사적 현실에 대한 한국인의 이해를 다각도로 강화시켜 일본에 대한 상이

한 관점들로 인한 남남 갈등도 줄여야 한다. 그래야만 그 공로도 결국 한국으로 돌아온다.

일본도 마찬가지다. 일본이 한국의 역사적 아픔에 대해 이해하려는 노력을 기울여야 하는 것은 당연하다. 물질적 '보상'과 상관없이, 한국인의 20세기 역사에는 일본에 의한 피식민 경험이 준 상처가 거의 모든 곳에 새겨져 있다. 그 상흔은 여전히 '남남갈등'의 원인으로 작용하고 있다. 아픔과 상처는 법적이거나 외교적으로 사라지지 않는다. 역사적 사실과 상처의 원인에 대한 직시, 반성, 공감, 연대로 점차 줄어들어갈 뿐이다. 타자의 아픔에 대한 의도적 무시나 무관심은 그 타자를 이해할 때 드러나는 자신의 약점과 치부를 회피하기 위한 나름의 생존 전략일 수도 있다. 그러나 그럴수록 자신의 약점은 더 깊이 감추어져 결국 더 큰 약점으로 곪아간다. 패전(敗戰)이 아닌 종전(終戰)이라는 말을 쓸수록 일본은 도리어 '영속 패전'으로 치닫는다고 시라이 사토시(白井聰)가 비판한 것도 같은 맥락이라고 할 수 있다.*
'종전'이라는 현상적이고 탈과거적인 언어가 아닌, 자국민을 포함하여 누군가의 상처를 연상시키는 '패전'이라는 언어를 반성

---

* 시라이 사토시, 정선태 외 옮김, 『영속패전론: 전후 일본의 핵심』(이숲, 2017).

적으로 쓸 수 있어야 한다.* 제국의 신민이 더 이상 고통받지 않
도록 천황이 전쟁을 '종결'시켰다는 식의 정서(대동아전쟁종결조
서, 이 장 맨 앞)가 조속한 '종결'의 대상인 것이다.

다른 정서의 조화

이런 반성적 분위기는 메이지의 그늘에 더 깊이 들어와 있는
정치인보다는 양심에 좀 더 자유로운 시민사회가 열어가야 한
다. 시간이 오래 걸리더라도 그것이 기초를 든든하게 다지는 일
이다. 그런데 이 역시 녹록한 일이 아니다. 일본 시민사회의 활
동 범주와 성격은 한국 시민사회와 다소 다르다. 한국의 시민사
회는 상대적으로 중앙 정치에 관심이 많은 데 비해, 일본 시민사
회는 지역 정치, 생활 정치에 더 관심이 많다. 일본 시민운동가
들 상당수가 1960년대 안보투쟁에 참여했거나 그 연장선에 있는

---

* 물론 일본에서 '종전'이 아닌 '패전'이라는 말을 써야 하고 '가해책임'을 인정해야 한
다는 매스컴의 목소리도 한동안 있었다. 「아사히신문」(朝日新聞)은 물론 상대적으
로 보수적 언론인 「요미우리신문」(読売新聞)도 간헐적으로나마 패전, 가해책임 등
을 표명하기도 했다. 「아사히신문」은 지금까지도 이런 입장을 일부 유지하는 데 비
해, 일본 내 대표적 주류 언론인 「요미우리신문」은 1980년대 중반 이후 더이상 그런
표현은 하지 않고 있다. 구체적인 내용은 박진우, "'8·15'를 통해서 본 전쟁관과 평
화인식", 남기정 엮음, 『전후 일본의 생활평화주의』(박문사, 2014), 166-175쪽 참조.

일본 나가사키 사세보에는 1922년에 일본해군에서 설치한 136m 높이의 무선송신탑 3개가 300미터 간격을 두고 삼각형 모양으로 세워져 있다(왼쪽). 일명 하리오송신소(針尾送信所)이다. 이 송신탑을 통해 일본해군은 이미 20세기 초에 한국은 물론 대만의 군사 상황까지 무선으로 주고받을 수 있었다. 2017년 필자는 한국과 일본의 대학생들과 함께 이 시설을 돌아보고 서로 토론하는 모임에 교수로 참여한 적이 있다. 그때 일본 대학생들은 하리오송신소를 일본의 앞선 기술을 상징하는 근대 유산으로 이해하는 경향이 있었다. 반면 한국 대학생은 일본 군국주의의 상징으로 이해하는 경향이 있었다(오른쪽). 양국의 미래를 위해서는 자주 만나고 대화해서 서로 다른 관심사들 간의 접점을 확대해가야 한다는 사실을 잘 보여주었다.(필자 촬영)

장년·노년층이고, 젊은 층일수록 정치, 특히 중앙 정치에는 별 관심이 없다는 사실도 한국에 대한 일본의 자세가 극적으로 바꾸기 힘든 구조라는 사실을 보여준다.

게다가 일본은 한국(남한)에 비하면 인구는 2.5배, 영토는 3.8배 큰 만큼 중앙 정치에 관심을 가지는 정도가 한국과는 다르다. 메이지 시대 이전까지 계속되어 온 지방 단위 봉건체제의 영향력이 여전히 남아 있고 그만큼 한국보다 지방색이 강하다. 중앙 정치를 바꿔야 한다는 필요성을 한국에 비하면 크게 느끼지 못한다.

특히 일본의 젊은이들은 20세기 역사를 제대로 배워본 경험이 없다. 일본의 사회나 역사 교과서들은 반성적 성찰은 별로 없이 일본이 전 세계를 무대로 배우고 활동한다는 긍정적 자부심을 느끼게 해주는 내용들이 많다. 한국의 역사교육에도 문제가 있지만, 일본도 그에 못지 않다. 일본의 한반도 식민지배와 중국 침략을 모르는 청년들이 많다.

당연히 일본이 가해자라는 인식이 없거나 있어도 약하다. 그저 전쟁이 끝났을 뿐이라는 정서, 그런 식의 언어 탓에 전쟁의 '원인'에 대해 성찰할 기회가 별로 없다. 가령 일본의 국·공립 평화박물관들은 일본이 원폭에 의한 전쟁 피해자라는 의식으로 가득하다. 이렇게 끔찍한 피해를 낳는 전쟁은 없어야 한다는 논리이다. 왜 전쟁이 일어났고 누가 일으켰는지에 대한 성찰이 별로 보이지 않는다.* 일본식 평화관도 대체로 비전이나 반전 메시지의 확산 정도에 머문다.

이런 상황에서 침략의 역사에 대한 진정한 사과를 요구하는 한국의 목소리는 공허한 메아리가 될 가능성이 크다. '국가'에 비해 '국민'이 약한 탓에, 비판적으로 성찰하고 사과해야 할 주체도 모호하기 때문이다. '메이지의 그늘'은 지금도 이어지고 있는 중이다.

꼬인 한일관계는 서로가 서로의 정치-문화적 형식을 일단 인정하는 데서부터 풀어지기 시작한다. 양국의 시민이 서로에 대해 공부하면서 한국은 일본의 역사와 문화적 감각을 인정하고, 일본은 이웃의 아픔에 인간적으로 공감하는 일을 확장해가야 한다. 거기서 화해의 문도 열린다. 화해(和解)는 '풀어서 사이가 좋아진다'는 뜻이다. '연합/통합(conciliatio)의 회복(re)' 혹은 '우호

---

* 한 예로 전후 일본의 전쟁 책임을 물었던 이른바 '도쿄재판'(정식명칭은 International Military Tribunal for the Far East)에서는 전쟁을 승인했던 천황이나 실제 전쟁을 수행한 일반 사병 혹은 국민들에 대해서는 책임을 묻지 않고, 도조 히데키(東條英機) 이하 A급 전범 28명만을 기소한 뒤, 25명에 대해 교수형(7명), 종신형(16명), 금고형(2명) 처분을 했다. 이 재판을 계기로 일반 국민들은 전쟁 책임이 지도자급 군인에게 있으며 자신들은 잘못된 정책의 피해자라는 의식을 주로 갖게 되었다.(서민교, "일본의 전쟁기억과 평화기념관", 동북아역사재단, 『일본의 전쟁기억과 평화기념관 I』, 동북아역사재단, 2009, 12-13쪽 참조)

상태의 회복'이기도 하다. "갈등하고 다투던 사태를 해결함으로써 상처를 치유하고 이전 상태로 되돌리는 과정"이라고 더 풀 수도 있다. 물론 갈등 이전 상태로 온전히 돌아갈 수는 없다. 화해의 과정을 지나면서도 상처는 남기 마련이다. 그러나 화해의 과정을 거치면 그 상처를 견디는 힘도 생긴다.*

한국의 근대사는 그 어떤 영역과 사건도 일본의 피식민지 경험으로부터 자유롭지 않다. 무엇이든 한 걸음만 더 들어가면 피지배 경험으로 인한 아픔, 치욕, 부끄러움과 연결된다. 외교적 사과와 물질적 보상으로 '법적' 치유는 가능해도, '정신적' 치유까지는 쉽지 않은 상처들이다. 일본은 이러한 원초적 사실을 인정하며 역사의 '그늘'을 되돌아보는 시간을 더 만들어야 한다. 상처의 원인과 내용에 대한 서로의 진심을 읽을 수 있는 공동의 시간이 더 필요하다. 그렇게 양국의 경계를 반일과 혐한의 '실선'에서 아픔을 치유하고 오해를 해소하는 소통의 '점선'으로 만들어가야 한다. 서로 간의 차이를 인정하면서 대립으로 인한 갈등을 줄이며 아래로부터의 공감대를 확보하고 확대하는 단순하고 분명하고 장기적인 과제만 남아 있을 뿐이다.

---

* 이찬수, "서로 인정하고 먼저 다가서기", 고재백 외 책임편집, 『용서와 화해 그리고 치유』(새물결플러스, 2022), 379-382쪽.

加地伸行,『沈默の宗教 - 儒教』, 東京: 筑摩書房, 2007.

강상중, 노수경 옮김,『떠오른 국가와 버려진 국민: 메이지 이후의 일본』, 사계
　　절, 2020.

高橋哲哉,『靖国神社』, 東京: 筑摩書房, 2005.

高橋哲哉,『国家と犠牲』, 東京: NHKブックス, 2005.

고야스 노부쿠니, 송석원 옮김,『일본 내셔널리즘의 해부』, 그린비, 2011.

고야스 노부쿠니, 김석근 옮김,『일본근대사상비판; 국가, 전쟁, 지식인』, 역사
　　비평사, 2007.

고마쓰 가즈히코, 김용의 외 옮김,『일본인은 어떻게 신이 되는가』, 민속원,
　　2005.

廣松涉,『近代の超克論』, 東京: 講談社, 1989.

구노 오사무 · 쓰루미 슌스케, 심원섭 옮김,『일본 근대 사상사』, 문학과지성사,
　　1999.

國學院大學硏究開發推進センター編,『招魂と慰霊の系譜:「靖國」の思想を問
　　う』, 東京: 錦正社, 2013.

김태창 편저, 조성환 옮김,『상생과 화해의 공공철학』, 동방의 빛, 2010.

나카츠카 아키라, 박맹수 옮김,『「일본의 양심」이 보는 현대 일본의 역사인식』,
　　모시는사람들, 2014.

남기정 엮음,『전후 일본의 생활평화주의』, 박문사, 2014.

島薗進,『現代救済宗教論』, 東京: 青弓社, 2006.

稲垣久和 外 編,『公共哲學16-宗教から考える公共性』, 東京: 東京大学出版会,
　　2006.

동북아역사재단 편,『일본의 전쟁기억과 평화기념관 I : 關東 · 東北 지역 편』,
　　동북아역사재단, 2009.

ランジャナ・ムコパディヤーヤ,『日本の社会参加仏教』, 東京: 東信堂, 2005.

로버트 코링턴, 장왕식 · 박일준 옮김,『신학과 기호학』, 이문출판사, 2007.

武光誠,『天皇の日本史』, 東京: 平凡社, 2007.

무쓰 무네미쓰, 나카츠카 아키라 교주, 이용수 옮김,『건건록: 일본의 청일전쟁 외교 비록』, 논형, 2021.

미조구치 유조, 고희탁 옮김,『한 단어 사전, 公私』, 푸른역사, 2012.

미조구치 유조, 정태섭·김용천 옮김,『중국의 공과 사』, 신서원, 2006.

박규태,『일본정신의 풍경』, 한길사, 2009.

박규태,「일본교와 스피리추얼리티」,『일본비평』5, 서울대학교 일본연구소, 2011.

保阪正康,「国民が利用した天皇制: ある世代からの戦後風景」,『宗教と現代が わかる本』, 東京: 平凡社, 2009.

브라이언 다이젠 빅토리아, 정혁현 옮김,『전쟁과 선』, 인간사랑, 2009.

브라이언 다이젠 빅토리아, 박광순 옮김,『불교파시즘』, 교양인, 2013.

사쿠타 케이이치, 김석근 옮김,『한 단어 사전, 個人』, 푸른역사, 2012.

山本七平,『空氣の硏究』, 東京: 文藝春秋, 1977.

西山茂,「新宗敎と新新宗敎」, 冥想情報センター編,『冥想と精神世界事典』, 東京: 自由国民社, 1988.

西田幾多郎,『西田幾多郎全集 第十卷』, 東京: 岩波書店, 1965-1966.

西田幾多郎,『西田幾多郎全集 第十二券』, 東京: 岩波書店, 1965-1966.

先崎彰容,『維新と敗戰』, 東京: 晶文社, 2018.

스에키 후미히코, 이태승 외 옮김,『근대 일본과 불교』, 그린비, 2009.

스즈키 다이세츠, 김용환 외 옮김,『불교의 대의』, 정우서적, 2017.

시라이 사토시, 정선태 외 옮김,『영속패전론: 전후 일본의 핵심』, 이숲, 2017.

新渡戶稻造, 奈良本辰也 訳,『武士道』, 東京: 三笠書房, 2006.

씨올사상연구소편,『씨올철학과 공공철학의 대화』, 나녹, 2010.

아마 도시마로, 정형 옮김,『천황제국가 비판』, 제이엔씨, 2007,

阿滿利麿,『日本人はなぜ無宗敎なのか』, 東京: 筑摩書房, 1997.

阿滿利麿,『宗敎は国家を越えられるか』, 東京: 筑摩書房, 2005.

아오키 오사무, 이민연 옮김,『일본회의의 정체』, 율리시즈, 2017.

安藤礼二,『近代論: 危機の時代のアルシーヴ』, 東京: NTT出版, 2008.

야마모토 시치헤이, 최용우 옮김,『어느 하급 장교가 바라본 일본제국의 육군』, 글항아리, 2016.

야마모토 시치헤이, 이서현 옮김,『지혜의 발견』, 모시는사람들, 2018.

야스마루 요시오, 이원범 옮김,『천황제 국가의 성립과 종교변혁』, 소화, 2002.

엔도 슈샤쿠, 공문혜 옮김, 『침묵』, 홍성사, 1982.

오에 시노부, 양현혜 외 옮김, 『야스쿠니신사(靖國神社)』, 소화, 2002.

尹東柱, 上野都 譯, 『空と風と星と詩: 尹東柱詩集』, 東京: コールサック社, 2015.

尹東柱, 金時鐘 編譯, 『空と風と星と詩: 尹東柱詩集』, 東京: 岩波文庫, 2012.

이권희, "메이지 후기 국민교육에 관한 고찰", 『아태연구』 제19권 제1호, 2012.

이노우에 노부타카 외, 박규태 옮김, 『신도, 일본 태생의 종교 시스템』, 제이앤씨, 2010.

이에나가 사부로 엮음, 연구공간 '수유+너머' 일본근대사상팀 옮김, 『근대 일본 사상사』, 소명출판, 2006.

이영진 외, 『애도의 정치학: 근현대 동아시아의 죽음과 기억』, 길, 2017.

이와타 시게노리, 조규헌 옮김, 『일본 장례문화의 탄생』, 소화, 2009.

李贊洙, 「'文'に'化'する: 韓国宗教文化論」, 『中央学術研究所紀要』 第37号, 2008.

이찬수, 『일본정신: 일본서기에서 신영성운동까지』, 모시는사람들, 2009.

李贊洙, "侍と媒介: 東学と京都学派の公共論理", 『中央学術研究所紀要』 第42号, 2013.

이찬수, 『다르지만 조화한다 불교와 기독교의 내통』, 모시는사람들, 2015.

이찬수, 『평화와 평화들: 평화다원주의와 평화인문학』, 모시는사람들, 2016.

이찬수 외, 『세계의 분쟁: 평화라는 이름의 폭력들』, 모시는사람들, 2019.

이찬수, "비전(非戰), 반군국주의, 비핵화로서의 평화: 일본 평화개념사의 핵심", 『세계평화개념사』, 인간사랑, 2020.

이찬수, "'사회적 힘'으로서의 종교, 그 안과 밖", 『평화와 종교』 제13호, 2022.

이찬수, "서로 인정하고 먼저 다가서기", 고재백 외 책임편집, 『용서와 화해 그리고 치유』, 새물결플러스, 2022.

이치노헤 쇼코, 장옥희 옮김, 『조선침략 참회기: 일본 조동종은 조선에서 무엇을 했나』, 동국대학교출판부, 2013.

이토 나리히코, 강동완 옮김, 『일본 헌법 제9조를 통해서 본 또 하나의 일본』, 행복한책읽기, 2005

日本キリスト教協議会靖国神社問題委員会, 『天皇の代替わり問題とキリスト教 Q&A』, 東京: 日本キリスト教協議会, 2012.

일본역사교육자협의회, 김현숙 옮김, 『천황제 50문 50답』, 혜안, 2001.

立正佼成会布教本部 編, 『立正佼成会入門』, 東京: 佼成出版社, 1973.

立正佼成会平和研究会 編, 『庭野会長平和観資料集』, 東京: 立正佼成会平和研究会, 1976.

子安宣邦, 『鬼神論』, 東京: 白澤社, 2002.

子安宣邦, 『国家と祭祀: 国家神道の現在』, 東京: 青土社, 2009.

田辺元, 『種の論理の辨證法』(1946)(=田辺元, 『歴史的現實』, 東京: こぶし書房, 2001.

田辺元, 『懺悔道としての哲学』(藤田正勝 編, 『田辺元哲学選II』, 東京: 岩波文庫, 2010.

田中丸勝彦, 『さまよえる英霊たち』, 東京, 栢書房, 2002.

庭野日敬, 『平和への道』, 東京: 佼成出版社, 1978.

斎藤利彦, 『「誉れの子」と敗戦: 愛国プロパガンダと子どもたち』, 東京: 中央公論社, 2019.

조르조 아감벤, 박진우 옮김, 『호모 사케르』, 새물결, 2008.

조지 L. 모스, 임지현 외 옮김, 『대중의 국민화』, 소나무, 2008.

조지 L. 모스, 오윤성 옮김, 『전사자 숭배』, 문학동네, 2015.

酒井直樹・磯前順一 編, 『「近代の超克」と京都学派: 近代性・帝国・普遍性』, 東京: 以文社, 2010.

中村元, 김지견 옮김, 『日本人의 思惟方法』, 김영사, 1982.

村上重良, 『国家神道と民衆宗教』, 東京: 吉川弘文館, 1982.

村上重良, 『新宗教: その行動と思想』, 東京: 岩波書店, 2007.

칼 슈미트, 김항 옮김, 『정치신학』, 그린비, 2010.

칼 슈미트, 김효전 외 옮김, 『정치적인 것의 개념』, 살림, 2012.

土居健郎, 『甘えの構造』, 東京: 弘文堂, 1971.

片山杜秀, 『近代日本の右翼思想』, 東京: 講談社, 2007.

허우성, 『근대 일본의 두 얼굴: 니시다 철학』, 문학과지성사, 2000.

홍이표, "'팔굉일우'에 의한 평화 개념의 변용과 수용", 레페스포럼 기획, 『종교로 평화 만들기: 반일과 혐한을 넘어』, 모시는사람들, 2022.

丸山真男, 『日本の思想』, 東京: 岩波書店, 1996.

찾아보기 —————